U0136101

臺灣鄉土與宗教研究叢刊

臺灣民間信仰的地基主

周政賢 著

蘭臺出版社

「臺灣鄉土與宗教研究叢書」總序

李世偉（花蓮教育大學鄉土文化系副教授）

　　人類對於鄉土的感情是原生性的，毋庸刻意學習與培養，自然而成。鄉土既是生命情懷之託，也是知識啟蒙之端，因此古云「君自故鄉來，應知故鄉事」，那是一種每個人最熟悉的生命經歷，而所謂「以鄉之物教萬民」則當是傳統社會的自然及社會教育了。

　　解嚴以來，隨著政治改革的民主化與本土化的潮流，臺灣鄉土教育與文化日益受到重視，最初由部分知識分子與地方政府草根式的推動，由下而上地顛覆中央政府過去以中國大陸為中心的教育政策，鄉土教育成為體制內所認可的重點。影響所及，教育部也制定了系列的鄉土歷史文化教學活動，在國中小次第開展；此外，各種的鄉土文化藝術活動受到極大的重視與鼓勵，地方文史工作室紛然而立，一時之間，臺灣各地充滿著濃厚的「鄉土熱」。

　　然而，鄉土熱的風潮未必能帶來相對的研究成果與水平，這除了鄉土研究的時間尚短，相關的問題意識、文獻積累、研究方法、研究視野等尚未充分且深入的開展外，意識型態的干擾、媚俗跟風者眾，也是關鍵因素。這使得表面上鄉土文化的論著充斥書肆，研究資源也易於取得，但研究水平難有實質上的提昇。這樣的反差是頗令人感慨的，因此有了出版這套「臺灣鄉土與宗教研究叢書」之構想。鄉土文化研究以民間宗教信仰作為切入點，自然是著眼於臺灣漢人移民社會的特質而發，從移民之初至今，民間宗教信仰作為族群認同、社區凝聚、經濟生產、常民生活、精神文化等作用，已是我們所熟知的課題，因此作為叢書論述的

主軸。

這套「臺灣鄉土與宗教研究叢書」首先推出七本佳著，分別是周政賢《臺灣民間信仰的地基主》、陳桂蘭《臺灣民宅的辟邪物》、施晶琳《臺灣的金銀紙錢》、楊士賢《臺灣的喪葬法事》、陳瑤蒨《臺灣的地獄司法神》、邱秀英《花蓮地區客家信仰的轉變》、許宇承《臺灣民間信仰的五營兵將》。這些論著均為作者的學位論文改寫而成，雖然他們都是學界新秀，識者不多，舞文弄墨的身段也未必老練。但熟悉學界之生態者多知，許多人一旦擠身教授之流後，或困於教學、行政之壓力，或疏於己身之怠惰，或安於升等後之既得位階，要再期待有佳作問世，便如大旱之望雲霓也。相對的，若是研究生能潛心專志、奮力相搏，反而能有驚豔之作。毋庸誇誇之言，這七部書都是內容紮實的精彩作品，文獻資料詳實可徵，作者們也都作了大量的田野調查，為我們提供第一手的觀察與論證，圖像資料亦相當可貴，具有極高之參考價值。當然，更重要的是，作者所探討的主題均為漢人民間社會中極重要，卻較少被有系統性的處理者，因此益顯彌足可貴，有心之讀者可以細加體會。

臺灣蘊藏的鄉土文化極為豐富，這次首推的叢書，其主題雖多與宗教信仰相關，但我們希望能夠再發崛其它的主題論著，也期許有更多的人投入其中。這套叢書能順利出版，感謝蘭臺出版社的盧瑞琴小姐與郝冠儒先生的支持，要在利潤微薄的出版市場上作這樣投入，是需要一點冒險與勇氣的。另外老友王見川從旁的一些協助與意見，亦一併致謝。是為序。

目　次

第一章

緒論

　　臺灣是一個多神信仰的社會,在「萬物皆有靈」的泛靈信仰
[1]觀念下,神鬼佈滿於天地之間,左右著人間道上庶民的禍福吉
凶。而人們在面對未來生活疑惑不安與生命短暫無常的雙重精神
壓力下,除了本身自我的調適外,大都會藉著信仰的力量,來得
到心靈的慰藉。在這樣的生活條件影響下,民間自然而然的就形
成了祭拜神靈,來求取平安順利的習俗。於是乎,舉凡天地自然
現象、歷代先賢聖哲忠義之士、器物圖騰,乃至鬼魅精靈都是祭
祀崇拜的對象,只要這些「虛空之靈」具有造福解厄的神力,能
解決人世間任何「疑難雜症」,達到有求必應的功能,都可以長
享人間香火,得到黎民百姓的奉祀。也因為如此,在只求靈驗而
不重視崇祀對象為何物的情況下,往往忽略了祂們的出處或來
歷,甚至也有因年代久遠,原始資料佚失,而有張冠李戴,佛道
不分的現象產生,讓後世崇信者只能依俗傳承,而無法了解最初
信仰的源頭及所代表的意涵,此種情形在民間信仰中普遍存在,
實有考據調查的必要,以還原祭祀最初本質,找出為何崇信的真
相。

　　臺灣民間信仰中名號或職司與土地有關的神祇相當的多,如
「后土」、「社神」、「土地公」、「地母娘娘」、「地基主」、
「土地龍神」……等,這些神祇中有許多是由自然崇拜所轉化而
成的,經過歷朝歷代信仰的變遷而呈現不同的面貌,甚至人格化
後還穿鑿附會的與歷史人物相結合,為其找到一個合理的出處。
此種現象在其他不同性質的祀神信仰上,也常常發生。但是此中
也有例外的,有些民間信仰因為後人不了解祭祀的起源,只憑自

---

[1]　施密特著,蕭師毅譯《原始宗教與神話》,頁 96~116,上海文藝出版
　　社,1987 年。

我的主觀意識以及對祭拜現象與環境背景的觀察，在缺乏有系統且合乎邏輯的推論下，就直接下定論來斷言其出處，造成「公說公有理，婆說婆有理」的現象，使得許多民間信仰的起源更趨複雜化。「地基主」的信仰就是如此，民間有關其祭祀來源說法相當的多，有謂源自於中國大陸原鄉地主信仰；有謂得自於平埔族人「阿立祖」信仰文化的影響；有謂起源於古代「五祀」信仰中的「中霤」神祭祀；有謂「地基主」是孤魂厲鬼，與好兄弟同類；有謂「地基主」屬於器物（此指住宅的地基）崇拜，其為民間官銜最小的神靈，諸如此類的論述，眾說紛紜，令人莫一是衷。

　　然而不管起源如何，臺灣民間「地基主」信仰的存在，卻是一個不可否認的事實，每逢歲時節慶（如：清明、端午、中元、冬至、除夕等節日）祭祀祖先或農曆每月初二、十六「作牙」祭拜土地公時，大都會另外準備一張小桌子，擺上幾碗飯菜和金銀紙錢來祭拜「地基主」，祈求能保佑闔家平安、一切順利。此外，在各地建築工程動土施工之前，也會先挑個好日好時，準備鮮花、素果、牲醴等供品以及金銀紙錢來祭拜土地公及「地基主」，祈求工程能順利圓滿。這種祭拜習俗的舉行，在一般廟宇興建或修繕動土開工時，也不能例外（民國九十年二月十七日，臺北市二級古蹟龍山寺中殿動工大修，主祭者先向觀音佛祖行三問訊禮，將動工情形稟報菩薩、土地公和「地基主」，上香、獻供、誦經、上疏後進行動土儀式，相當特殊）。

　　民間此種和土地有關卻又有別於一般土地神明的信仰方式，讓人對「地基主」祭祀形成的背景、祭拜的儀式及所反映出的社會文化意義和價值，感到無比的好奇與興趣。為什麼在臺灣民間家家戶戶土地神信仰之外，還存在一個和自己居住地方有關的「地基主」祭拜儀式？為什麼民間在祭拜「地基主」時，其祭

祀位置不是在屋前,不然就是在屋後牆腳邊或是靠近「灶腳間」的地方,並且以小茶几或長板凳來充當供桌,而祭拜神明或祖先就在廳前或門口的大桌上?到底「地基主」是神是鬼,還是民間自己所幻想出的居住地守護者?這些都是筆者想要去深入了解與探討,期能透過各種相關文獻的記載、歷史傳說及田野調查訪談資料,還原出「地基主」信仰最初的面貌,使一般民眾在歲時習俗年節祭拜之餘,能了解其中所包含的意義。

「地基主」文獻資料回顧

臺灣民間「地基主」信仰的存在,雖然已經有一段相當長遠的歷史,但很可惜的是目前還沒有人對「地基主」的信仰起源,提出較完整性的研究報告。現存有關臺灣地區「地基主」信仰的記載,始見於一九三四年日人鈴木清一郎所著的《臺灣舊慣婚葬祭と年中行事》一書,此後在相關介紹臺灣宗教民俗信仰的書籍或期刊文獻中,或多或少也會提及,但是內容大都語焉不詳,不夠深入,無法對「地基主」信仰源頭做清楚的交代。

日本民俗學者鈴木清一郎在《臺灣舊慣婚葬祭と年中行事》一書中,將「地基主」歸類為幽鬼崇拜,也就是祭祀無主孤魂和厲鬼等。他認為每一家住戶都有一個最早開拓的開基祖,開基祖死後靈魂不散,一直待在原地,所以後來的居住者必須在每月初一和十五,準備酒菜、香燭、紙錢來祭祀,而這個開基祖就是臺灣人所稱呼的「地基主」[2]。

---

[2] 鈴木清一郎《臺灣舊慣婚葬祭と年中行事》,頁 22~23,南天書局股份有限公司,1934年。

　　鈴木清一郎先生應該是目前臺灣地區，最早提出有關「地基主」信仰資料的學者，其所提出「地基主」是類似幽鬼性質崇拜的說法，被部分的學者或民俗專家所接受並以此論點來延伸闡述，如日人梶原通好《臺灣農民生活考》[3]、曾景來《臺灣宗教と迷信陋習》[4]、池田敏雄《臺灣の家庭生活》[5]、王詩琅《艋舺歲時記》[6]、吳瀛濤《臺灣民俗》[7]、林曙光《打狗歲時記稿》[8]等書，都是秉持上述論點。

　　有別於鈴木清一郎的「幽鬼崇拜說」，阮昌銳教授在《莊嚴的世界》一書中認為「地基主」原本是土地信仰的一種，是屬於古代精靈信仰中的自然崇拜，祭祀「地基主」就是在祭拜房屋的「地基」，因此也可以稱為「宅基神」[9]。同樣的，李豐楙教授在《聚落與社會》書中也談到，房子所在的土地也有神，「地基主」也是房子所在的土地諸神的一種，所以一樣要祭祀[10]。不過，同樣是在祭拜房屋的「地基」，董芳苑教授在所著作的《臺灣民間宗教信仰》卻將「地基主」歸類為庶物崇拜祀神[11]，這是比較不

---

[3]　梶原通好《臺灣農民生活考》，頁37，南天書局複印，1941年。

[4]　曾景來《臺灣宗教と迷信陋習》，頁32，南天書局複印，1939年。

[5]　池田敏雄《臺灣の家庭生活》，頁355，南天書局複印，1944年。

[6]　王詩琅《艋舺歲時記》，頁23，海峽學術出版社，2003年。

[7]　吳瀛濤《臺灣民俗》，頁32，眾文圖書公司，1980年。

[8]　林曙光《打狗歲時記稿》，頁182，高雄市文獻委員會，1994年。

[9]　阮昌銳《莊嚴的世界》，頁3~16，文開出版公司，1982年。

[10]　李豐楙〈道、法信仰習俗與臺灣傳統建築〉《聚落與社會》，頁115，田園城市文化事業有限公司，1998年。

[11]　董芳苑《臺灣民間宗教信仰》，頁396，常青文化事業股份有限公司，1984年。

一樣的。

除此之外，學者石萬壽教授在所主編纂的《永康鄉志》中，說明「地基主」是源自於五祀信仰，認為「地基主」是房舍所在的土地公，也就是五祀中的戶神[12]。而簡炯仁教授在〈臺灣人拜「地基主」的由來〉一文中，則獨排眾議提出新論，認為「地基主」是源自於平埔族人「阿立祖」崇祀，是臺灣移民墾殖所發展出的獨特信仰文化，並不是由大陸原鄉傳承而來的[13]。以上兩種說法讓「地基主」的信仰來源更加多元與豐富。

另外，筆者也收集了大陸有關「地基主」的文獻資料，其中林國平教授在《福建民間信仰》所談到，大陸福建漳州的一些地方，有「地基王」的信仰，並認為此種習俗實際上是土地公信仰的變種型態[14]。此段敘述雖然很簡要，但是卻反映出福建漳州地區，也有類似的信仰文化，至於漳州與臺灣地區的「地基王」或「地基主」信仰，二者是否為不同類型或是同出一源，值得筆者剝絲抽繭，仔細探查研究。

除了上述內容涉及「地基主」信仰記載的相關書籍外，筆者也找到了一些對「地基主」信仰性質有不同說法的期刊論文，僅擇要點數篇陳述如後。

一、〈也談民間俗信〉《臺灣風物》

在本篇文章中，曹甲乙先生認為「地基主」是人所住居房屋

---

[12] 石萬壽主纂《永康鄉志》，頁753，臺南縣永康鄉公所，1988年。

[13] 簡炯仁〈臺灣人拜「地基主」的由來〉《臺灣開發與族群》，頁427，前衛出版社，1995年。

[14] 林國平、彭文宇《福建民間信仰》，頁88，福建人民出版社，1993年。

基地之神，民間之所以會祭祀，是因為懷著感謝「天覆地載」恩德的傳統精神[15]。此外，作者還附帶的介紹祭拜「地基主」的方法，包括祭品的種類數量、香燭金紙、祭詞以及該如何燒化金紙等等，如此詳實的資料，可作為後人在「地基主」祭祀儀式上的一種參考。

二、〈從儀式行為看臺灣傳統建築的意義及空間觀念〉《臺灣風物》

　　林會承教授在〈從儀式行為看臺灣傳統建築的意義及空間觀念〉一文中認為：「地基主」是居住在原居住地或此屋者的靈魂，祂的本質就是鬼，但是一般人因為「地基主」較無惡意，不但不會把祂當作鬼來看，而且還會經常的去祭祀。在所有的孤魂野鬼中，只有「地基主」能不受到干擾，自由自在地進出家屋[16]。

　　實際上，林會承教授也是沿用日本學者鈴木清一郎的說法，把「地基主」認定是「先住者的亡靈」，而且為了解釋「地基主」這個鬼魂能與陽人同住家屋，並且接受祭祀的合法性，特別強調祂不是外面擾民的孤魂「好兄弟」，而是可以自由進出家屋，與人和平相處的「善」鬼。姑且不論這樣的觀念是對是錯，至少讓人們對家屋中善鬼「地基主」的存在，得到一個合理的認同。

---

[15]　曹甲乙〈也談民間俗信〉，頁39~40，《臺灣風物》26：02。

[16]　林會承〈從儀式行為看臺灣傳統建築的意義及空間觀念〉，頁146~147，《臺灣風物》39：02。

三、〈臺灣漢民族の死靈と土地－謝土儀禮と地基主をめぐつて〉《國立歷史民俗博物館研究報告》1992 年第四十一集

　　日本學者植野弘子所著作的〈臺灣漢民族の死靈と土地－謝土儀禮と地基主をめぐつて〉，是目前學界中對「地基主」有比較深入研究探討的專論。作者藉著研究廟宇落成「謝土」儀式的過程，來探討亡靈與土地的關係，進而分析土地中「地基主」的性質及存在意義。根據植野弘子教授在文章中的論述：「地基主」為先前土地的擁有者，是一直寄宿在這塊土地上的靈，但祂並非是先住者的祖先，也不是所謂的「鬼」，更不像是由玉皇大帝所正式任職的神明，「地基主」剛好是同時具有死靈跟神兩種特性的「超自然存在」。在傳統民間習俗建物落成的「謝土」儀式中，「地基主」是重要的祭祀對象，不同的建築用地有不同的「地基主」，而盤古武夷王就是這些地基主的統轄者。在「謝土」儀式中，法師會和武夷王簽約買賣土地，並將整個交易契約書寫於兩塊四方紅磚上（地契磚），安置於廟內神龕下，代表著已經對「地基主」完成了買賣支付的動作，而且在武夷王的保證下，此後這塊土地將成為陽世人所專有，任何鬼魅都必須遠離，不可再進犯干擾，所有人也因此得以世代安居。謝完土後，一般認為就無須再特別對「地基主」進行祭祀了。相對的，一般人也認為若是沒有舉行「謝土」儀式就住下來的話，將會引起「地基主」的不悅，也會有不幸的事情發生。但是也有人因為「謝土」所需要的經費過於龐大，負擔不起而無法舉行，卻又不想因此得罪「地基主」，招來不幸。在這樣的情況下，大家就會在除夕、中元節等重大民俗節慶的時候，各家準備簡單的祭品及金銀紙錢，當作是「借地

費」或「地基租」來酬謝陰間的地主－「地基主」[17]。

此外，植野弘子教授在文章中，依據漢民族的世界觀與靈魂觀來說明祖先與鬼的分別，並探討兩者之間的強大可變性格（鬼可以轉換成祖先或神，無論是陰間或陽間都可以存在），透過人、土地、亡靈三者之間緊密的關係，來說明陰陽兩界的存在秩序，釐清彼此間的延續是如何的呈現。這種藉由人所居住的土地來了解與冥界無法分離的現世，清楚的解釋人與亡靈之間的關聯性，樣的論述，對民間信仰「鬼靈」的研究而言，有深遠的影響。

四、〈金門閭山派奠安儀式及其功能－以金湖鎮復國敦關氏家廟為例〉《民俗曲藝》第九十一期

本文主要在介紹金門地區有關閭山派所主持的奠安儀式。文章中作者李豐楙教授認為拜「地基主」是民間傳統的土地、房屋神的信仰習俗，「地基主」就是房宅所蓋之地的神明，神格較宅主的房宅神格高，通常蓋房子後就必需奉祀，祈求能保佑地基安定、房宅平安。由於「地基主」、宅主等土地諸神所屬的地下神界的複雜，整個奠安慶典中還必須針對這些「地神」舉行「安后土」的儀式，奠安祭拜與家廟所在地有關的土地諸神，包括各方的土地，「福德良神、來龍宅舍神君、五方六獸神君、后土神君、地基主者、宅主星君、司命灶君、二十四龍神土地」等等，在法師誦經及符語、咒術法力安鎮下，能永固基業，子孫昌盛，百代

---

[17] 植野弘子〈臺灣漢民族の死靈と土地－謝土儀禮と地基主をめぐって〉，頁378，《國立歷史民俗博物館研究報告》第四十一集，日本千葉縣：國立歷史民俗博物館，1992年。

流芳[18]。

五、〈大厝宅地基主祭儀的當代詮釋〉《史聯雜誌》 第二十六期

學者陳文尚教授在〈大厝宅地基主祭儀的當代詮釋〉一文中，引用民間的說法將「地基主」描述成宅地擁有權力的古人，或宅地的先住者，或以前擁有宅地權力的「靈魂」，目前仍然能夠對其居住過的宅地產生作用[19]。這種的說法應該也是承襲日本學者鈴木清一郎的「靈魂崇拜」，不過比較特別的是，作者也把「地基主」簡稱為「地主」，以及稱呼為「境主公」，至於為何會有如此的稱呼，都沒有詳加解釋，只是以民間的說法一筆帶過，讓人覺得有些美中不足。

六、《由澎湖四欅頭內之儀式行為探討住屋領域之界定》中原大學建築研究所碩論

林營宏先生調查研究有關澎湖四欅頭合院式建築的儀式時提到：建築在動土前，必須祭拜土地公或「地基主」，祭拜的目的在於告知「地基主」（或土地公），主家要取這塊地進行興建，並祈求平安順事。此外，在把代表祥瑞的象徵物（如：鐵釘、五穀、銼炭等）安入房宅四角基礎坑內的「下基」儀式時，也要祭拜「地基主」，燃燒百金。至於「地基主」為何？是神是鬼？

---

[18] 李豐楙〈金門閭山派奠安儀式及其功能－以金湖鎮復國敦關氏家廟為例〉，頁 433~434，《民俗曲藝》九十一期，1994 年。

[19] 陳文尚〈大厝宅地基主祭儀的當代詮釋〉，頁103，《史聯雜誌》第二十六期，1995年。

是否只有厝地是向他人買的，居民才需要拜「地基主」？作者綜合訪談資料做出了三種推測：其一，「地基主」是這間厝的公媽。所以，厝若是自己的，拜公媽即可，土地原本不是自己的，就要拜「地基主」（即他人的公媽），部分居民租用四櫸頭，厝內的公媽牌尚未搬走，由租用的人來拜。其二，「地基主」非這間厝的公媽，但對他人的公媽有制衡作用。祭拜「地基主」，保佑自己不受原有厝內的公媽騷擾；厝為「地基主」和居民之角力場（「地基主」可視為一種超自然力量之凝聚），亦即，若厝為自己家族所有，則歷代祖先在這角力場勢力壯大，則自然不用屈服於「地基主」。若搬新家，「強龍不壓地頭蛇」，故需祭拜之，不然，「虎落平陽被犬欺」，豈不冤枉[20]。

　　根據上述說法，作者認為「地基主」就是厝內的公媽，這種主張與多數學者所提出的「先住者的孤魂」或是「宅基神」的說法，差異相當大。到底「地基主」是否就是厝內的公媽？此種觀念是澎湖地區一般居民的認知，還是只是少部分居民的看法，作者都沒有解釋清楚，也沒有參考比較相關文獻資料，只根據一些人的訪談紀錄就直接做推測，這樣的推論架構鬆散，缺乏理論基礎，讓人不免產生莫大的疑惑。

七、《金門與澎湖傳統民宅形塑之比較研究》成功大學建築研究所博論

　　作者張宇彤博士在本文中談到：在金門地區傳統民宅的營建過程中，從「動土」開始到整個建築工程結束，每逢農曆的初二、

---

[20] 林營宏《由澎湖四櫸頭內之儀式行為探討住屋領域之界定》，頁10~84，中原大學建築研究所碩論，1996年。

十六都需要祭拜「地基主」，祈求工程能順利進行；這樣的祭祀
儀式在「入厝」進住後，也一直持續著，目的是希望在居住期間
能平安順遂[21]。

八、〈澎湖本島傳統民宅之營建儀式考察～從「動土」到「入厝」〉《澎湖研究第一屆學術研討會論文輯》

本文主要是探討澎湖地區在傳統民宅的營建過程中，所伴隨
舉行有關營建的儀式。一般而言，沒有營建儀式的舉行，建築物
照樣能施工完成，但是在傳統民間信仰的文化因素影響下，為了
能長住久安，營建儀式與建築工事同等的重要，在施工的過程
中，兩者之間有密不可分的關係。文中作者陳怡安先生提到：澎
湖地區在傳統民宅的營建儀式上，都會有祭拜「地基主」的習俗，
目的在祈求施工順利，居住平安[22]；這樣的說法與前述許多學者
的論述一樣，在整個營建的過程中，都提到有關「地基主」的祭
祀行為，由此可見「地基主」信仰的產生與營建工事應該有相當
程度的關聯，這樣的關係對本篇論文研究而言，提供了一條可以
追蹤探討的路徑。

---

[21] 張宇彤《金門與澎湖傳統民宅形塑之比較研究》，頁97，成功大學建築研究所博論，2001年。

[22] 陳怡安〈澎湖本島傳統民宅之營建儀式考察～從「動土」到「入厝」〉《澎湖研究第一屆學術研討會論文輯》，頁272，澎湖縣文化局，2002年。

九、〈考察漁村文化及廟宇建築〉《九十一年度南區中小學鄉土藝文研習會論文集》

業師戴文鋒在〈考察漁村文化及廟宇建築〉一文中提到:「地基主」是廟宇、民宅、豬鴨寮舍或其他建物在未動土興建之前,原本就依附在該地面及其四周區域小範圍內的孤魂厲鬼。所以一般民間信仰習俗在建物動土之前或遷居入宅後,均要祭拜地基主。[23]

依照文中的論述,筆者認為業師也是將「地基主」視為「靈魂崇拜」。不過不同於日本學者鈴木清一郎、樺原通好、曾景來等人所說的是「先住者的亡靈」,業師把「地基主」當作是佔據在土地上的孤魂「好兄弟」,民間在建物動土之前或遷居入宅後,所舉行的祭祀儀式,就如同「拜碼頭」的行為一樣,透過祭品及金銀紙錢的利益輸送,換取居住平安、不受干擾,這種以世俗的觀念來兼顧陰陽兩界和諧所產生的祭祀行為,是民間信仰的一項特色。

十、〈新竹城隍廟巡禮〉《地理教育》第十四期

本文認為「地基主」是宅地的護土之神,其職司與土地公、城隍境主等神無異,所差別的是名稱及所管轄的範圍不同而已[24]。

綜觀上述文獻資料,有關「地基主」的論述,大都只是在文

---

[23] 戴文鋒〈考察漁村文化及廟宇建築〉《九十一年度南區中小學鄉土藝文研習會論文集》,頁 7~12,國立臺南師範學院鄉土研究所,2002 年。

[24] 韋煙灶等合著〈新竹城隍廟巡禮〉,頁 149,《地理教育》第十四期,1998 年。

中附帶提及，稍加解釋而已，而一般人對「地基主」的認知，大都受到鈴木清一郎、曾景來、阮昌銳等人的說法影響，只要一提到「地基主」就立即引用其論述，至於這些人的說法有沒有問題，是否有真正考證過，似乎也沒有人會去質疑。久而久之，「地基主」的意義與性質就被定型化，自然而然就少有人會去專門而深入的探討其「信仰源起」、「祭祀性質」、「象徵意義」、「區域的差異」、「時代變化」…等問題，所以這方面的期刊論文或專門書籍就顯得相當缺乏。如此一來，雖然增加了「地基主」信仰研究的困難度，但是相對的也突顯出其價值與意義。

「地基主」研究範圍與方法

本文所稱的「臺灣民間」，主要是以目前的臺灣本島為主，研究民間「地基主」信仰的形成因素、祭祀狀況以及因時間、空間的改變所產生的轉化，其調查範圍不包含金門、馬祖、澎湖諸島。但是為了探討「地基主」的祭祀習俗是否只是臺灣地區所特有，起源於先民的認知或是原住民的遺風；還是源自大陸福建原鄉，在明末清初時隨著移民而傳入臺灣。因此本文也將金門、澎湖及大陸福建等地，相關「地基主」祭祀習俗的文獻資料一併納入討論，期盼能釐清「地基主」的祭祀本質及找出信仰源頭。

再者有關本文之研究方法，除了相關文獻及專書的蒐集研究與整理外，日治時代的調查資料、臺灣各地方志、各種有關建築及謝土儀式的期刊論文，以及筆者田野調查訪談資料等，都列入討論之列，因此文獻資料研究法、田野調查法成為本論文之主要研究方法，茲敘述如下。

一、相關文獻資料蒐集研究

收集有關「地基主」信仰記載之文獻資料、期刊論文及專書，將日治時期日本學者及現在的民俗學者、專家，對於「地基主」的信仰性質與起源說法，一一加以分類整理，並從中探討其論點的邏輯性及合理性。其次，從各種記錄建築儀式及安龍謝土儀式的期刊論文或專書中，研讀有關「地基主」的祭祀資料，了解「地基主」在整個儀式中的祭祀意義與方法，期盼從這些紀錄中找出「地基主」的信仰本質，進而追溯其起源。最後，更透過各種談論民俗信仰的專書以及臺灣各地方志中有關宗教信仰與歲時節慶活動的記載資料，收集有關「地基主」的祭拜時間、位置、供品及金銀紙錢，並加以分析解讀，以了解其祭祀用意與目的。

二、田野調查訪談資料的蒐集

調查蒐集臺灣民間各地祭祀「地基主」的祠廟，依照其所在位址、創建沿革、祀神類別、祠廟現況、祀神造型等項目，進行影像及資料的記錄整理，進而了解臺灣各地相關祭祀「地基主」祠廟的形成因素、特色與差異。此外，實際參與記錄一些廟宇的「安座入火」或「安龍謝土」儀式，並針對主壇的法師、道長、廟中祭儀負責人等進行實際訪談，以了解他們對於「地基主」的看法，以及在整個儀式中「地基主」所象徵的祭祀內涵與意義。

相對於民間傳統信仰習俗而言，「地基主」信仰充滿神秘色彩，不論其祀神性質、祭拜時間、祭品擺設等等，都與眾不同，有別於一般傳統祀神祭祖的儀禮。而且民間對於「地基主」的祭拜，大都是遵循祖先、長輩遺俗或是入境隨俗而拿香跟拜，真正知道祭拜原因及由來的相當少。因此，在口耳相傳或有樣學樣的

風俗觀念下，「地基主」不像其他祀神，有一套明顯完整的信仰
體系可供探討，其研究必須從現今各種民間傳統儀式之祭祀著
眼，歸納出崇祀的性質，並探討推論在臺灣發展的時間流程或背
景因素，看看到底是原鄉文化的移植，還是臺灣本土文化的融合
產物。而本文就是希望透過學者、專家論述，以及文獻資料的蒐
集、歸納與分析整理，配合實務的田野調查訪談紀錄，將「地基
主」信仰的真實面貌還原，顯現出背後所深藏的意涵及社會文化
意義。

第二章

臺灣民間「地基主」信仰考源

第一節　臺灣民間信仰觀念中所認知的「地基主」

　　「地基主」，民間有的書寫為「地居主」或「地祇主」[1]，在臺灣民間信仰習俗中，每當大興土木、開工動土或新居落成時，都會準備簡單的牲醴酒菜、香燭素果及金銀紙錢，來敬拜土地公和「地基主」，以求「在地」的平安順利。此外，每逢年節祭拜過祖先、神明或土地神後，依例也會另外再準備一張小桌子及幾碗飯菜和紙錢來祭拜「地基主」，感謝祂對家宅的照顧。

　　臺灣民間「地基主」信仰的存在，已經有一段相當長遠的歷史，許多農曆的歲時習俗祭拜儀式中，常能見到這種特別的祭拜方式。然而有趣的是，這種信仰方式是如何產生，迄今還沒有一個明確的答案，究竟是源自於大陸原鄉習俗；還是因為明、清兩代，大陸移民在臺灣開發所衍生的特殊祭拜風俗，很多祭祀者本身也說不出一個所以然來，大部分的人只知道這是祖先所流傳下來的祭祀慣例，時間到了就是要準備拜拜，少部分者則是有樣學樣，跟隨著左右鄰居依樣畫葫蘆，至於為甚麼祭拜或拜甚麼神祇，已經沒有那麼重要，反正在俗諺「有拜有保佑」的觀念下，「拿香跟拜」一定錯不了，畢竟禮多「神」也不怪。

一、近代學者觀念中所認知的「地基主」

　　雖然「地基主」的祭祀行為與民眾的歲時習俗息息相關，但

---

[1]　筆者與業師都認為「地居主」、「地祇主」應該是「地基主」閩南語發音的諧音字，一般來說民間以「地基主」、「地居主」書寫方式較為普遍，尤其是「地基主」似乎已成為較通用的寫法。

是民間對於祂的祀神性質卻是模糊不清，各地眾說紛紜，是「神」是「鬼」、是「惡」是「善」，沒有一定的說法。筆者根據目前民俗學者所提出有關「地基主」的調查資料及推論，依照文章中記載的崇祀對象性質，將其歸類為下列幾種信仰（請參考表 2-1）：

（一）靈魂崇拜說

　　現存有關臺灣地區「地基主」信仰的記載，最早見於一九三三年日本民俗學者鈴木清一郎所著的《臺灣舊慣婚葬祭と年中行事》一書，其將「地基主」歸類為幽鬼崇拜，就是祭祀無主孤魂和厲鬼等。他說：

> 每一家住戶都有一個最早開拓的開基祖，臺灣人特別稱之為「地基主」。但是開基祖在開拓建設住宅之後，有的不幸被其他移民侵略霸佔，有的由於某種因素而轉讓給他人，因此人們就認為地基主的怨靈必然陰魂不散，如果不加以祭祀就會作怪。而且不管開基祖是早期的原住民，或從大陸來臺的漢人，或從其他國家來臺的外國人，一般人認為地基主的孤魂仍然未走，所以各戶在每月初一和十五，都要準備酒菜、香燭、紙錢祭祀，特稱之為「做牙」。不過要先祭祀住宅附近的土地公，然後才能祭祀自宅的孤魂地基主，因為土地公是地基主的地方官。[2]

---

[2] 鈴木清一郎《臺灣舊慣婚葬祭と年中行事》，頁 22~23，南天書局股份有限公司，1934 年。本文引自馮作民譯《增訂臺灣舊慣習俗信仰》，頁 25~26，眾文圖書股份有限公司，1989 年，筆者僅將原譯「犒軍」改為原著之「做牙」。

日人梶原通好在《臺灣農民生活考》一書中，也認為「地基主」是住宅最早居住者的亡靈：

> 地基主　宅地の先住者であつた無祀の靈謂ふ。[3]

另外，學者曾景來先生在《臺灣宗教と迷信陋習》一書中，也提到相關地居主（地基主）的亡靈，其內容如下：

> 新豐郡仁德公學校の校長宿舍は大正十年八月の中旬に落成したが、其の後間もなく附近に異樣な物音えたり聞、美人の亡靈姿か現はれり、或は夜間豬か稻を荒す等變異が起つた。一方栗原校長はチブヌで入院し、其の長男は遂に死亡した。これは鬼の任業である。家屋を建てい地居主（先住者の靈）を祭らなかつなからである。殊に其處には曾　五人て男女の縊死をしたことがあると云ふので、斯る兇事を惹き起したの全くその爲めであると迷信者言ひ觸らしなといふ。[4]

本文大意是描述：新豐郡仁德公校校長宿舍鬧鬼不平靜，起因於沒有祭拜「地基主」（先住者的亡靈），因此招致作祟而產生禍事。

根據上述之「原住當地的先靈」觀念，後來許多研究民間信仰的學者或民俗工作者，就將「地基主」歸類為孤魂厲鬼，如王詩琅先生在《艋舺歲時記》一書中提到：

---

[3]　梶原通好《臺灣農民生活考》，頁 37，南天書局複印，1941 年。
[4]　曾景來《臺灣宗教と迷信陋習》，頁32，南天書局複印，1939年。

地基主者即先住其宅的孤魂。[5]

吳瀛濤先生在所著作的《臺灣民俗》書中也秉持這樣的觀點，因此對其祭祀只需用簡單的五味碗祭拜，並焚燒專供孤魂「好兄弟」用的經衣及銀紙。其談到：

> 是日，祭土地公畢，又在門口，供五味碗（日常菜飯類），祭地基主（先住家宅之孤魂），而燒經衣、銀紙。[6]

學者林會承教授在〈從儀式行為看臺灣傳統建築的意義及空間觀念〉的講題中則提出「地基主」是諸鬼中的「善鬼」：

> 另一種鬼、地基主，就是剛開始住在這塊地基上頭，不將其視為鬼，但會常常去拜祂。在諸鬼之中，僅有「地基主」得以不受干擾地進出家屋。地基主即原居住地或此屋者的靈魂，它似乎對世人較無惡意。[7]

陳文尚教授在〈大厝宅地基主祭儀的當代詮釋〉文中也認為「地基主」是宅地的先住者：

> 地基主，常被民間簡化為「地主」，又稱為「境主公」，被認為是宅地擁有權力的古人，或宅地的先住者，或以前擁有宅地權力的「靈魂」，祭儀的地方則是其「靈魂」所

---

[5]　王詩琅《艋舺歲時記》，頁23，海峽學術出版社，2003年。
[6]　吳瀛濤《臺灣民俗》，頁32，眾文圖書公司，1980年。
[7]　林會承〈從儀式行為看臺灣傳統建築的意義及空間觀念〉，頁146~147，《臺灣風物》39：02。

在的地方。[8]

民俗工作者林曙光先生在《打狗歲時記稿》書中也有類似的記載：

> 俗信：房屋地基的主人若無嗣，會作祟居住者，這就是地
> 基主的由來，所以逢年過節要供祭品拜地基主。擴而大之
> 的叫做境主公；田寮的五王宮屬境主公，香火鼎盛，這應
> 屬亡靈崇拜。[9]

業師戴文鋒在九十一年度南區中小學鄉土藝文研習會所出版的
論文集〈考察漁村文化及廟宇建築〉一文中提到：

> 「地基主」係指廟宇、民宅、豬鴨寮舍或其他建物在未動
> 土之前，原本就依附在該地面及其四周區域小範圍內的孤
> 魂屬鬼。所以民間信俗在建物動土之前或遷居入宅後，均
> 要祭拜地基主。[10]

學者林瑋嬪在《「社群」研究的省思》一書中，所撰寫的〈血緣
或地緣？臺灣和人的家、聚落與大陸的故鄉〉文章也提及：

> 祭拜無主而依附家屋土地為生的孤魂地基主或好兄弟，也
> 是在屋簷下或屋外前庭。[11]

---

[8] 陳文尚〈大厝宅地基主祭儀的當代詮釋〉，頁103，《史聯雜誌》第二
十六期，1995年。

[9] 林曙光《打狗歲時記稿》，頁182，高雄市文獻委員會，1994年。

[10] 戴文鋒〈考察漁村文化及廟宇建築〉《九十一年度南區中小學鄉土藝
文研習會論文集》，頁7~12，國立臺南師範學院鄉土研究所，2002年。

[11] 林瑋嬪〈血緣或地緣？臺灣和人的家、聚落與大陸的故鄉〉《「社群」

「靈魂崇拜說」就是將「地基主」當作原居住地或此屋者的孤魂
厲鬼（好兄弟），後住者因懼怕其陰魂不散會作祟生禍，因此必
須於每月初一、十五或逢年過節來祭祀，在學界中最早提出這種
說法的應該是日人鈴木清一郎。不過筆者認為鈴氏所提出的論述
與現實社會常民的信仰認知相互衝突，充滿了矛盾，因為如果「地
基主」歸類為是自宅孤魂厲鬼的話，那麼一般家庭「五祀」信仰
的諸神護宅防衛體系，豈不是毫無作用，任憑孤魂厲鬼隨意進
出，與陽世人同住。

　　「五祀」信仰中的門神、戶尉、中霤、灶神都是家庭內的守
護神，當房屋經過「入厝」儀式，淨化成為適合人與神、自家公
媽居住的獨立神聖空間，「五祀」諸神也隨著祭祀儀式的召請，
進駐家中展開保護家宅的任務，遏阻無形空間中任何邪惡靈體的
入侵，這樣的信仰觀念一直存在常民的生活習俗中。而鈴木清一
郎所提出的家中「地基主」就是孤魂厲鬼的論述，等於否定掉「五
祀」信仰存在的功能，也違反了現實生活中孤魂厲鬼不見容於人
與神、自家公媽居住共存空間的觀念。雖然這樣的疑問後來在林
會承教授所發表的〈從儀式行為看臺灣傳統建築的意義及空間觀
念〉文章中有特別的解釋，認為「地基主」這個鬼魂不是外面擾
民的孤魂「好兄弟」，而是可以自由進出家屋，與人和平相處的
「善」鬼，因此能與陽人同住家屋，並且接受祭祀。但是，畢竟
鬼就是鬼，不論是「善」是「惡」誰也不願意去隨意招惹，更何
況是與鬼同住，所以這樣的解釋也不盡合理。

　　不過同樣是把「地基主」視為孤魂厲鬼，卻不同於日本學者
鈴木清一郎、梶原通好、曾景來等人所說的是「先住者的亡靈」，

研究的省思》，頁106，中央研究院民族學研究所，2002年。

業師戴文鋒把「地基主」當作是佔據在土地上的孤魂「好兄弟」，民間在建物動土之前或遷居入宅之後，都要祭拜。同樣的，學者林瑋嬪在臺南縣鹽水鎮萬年村田野調查所完成的〈血緣或地緣？臺灣漢人的家、聚落與大陸的故鄉〉文章中，亦提出「地基主」是無主孤魂，和「好兄弟」都是依附在家屋土地維生，其祭拜的場所在屋簷下或屋外前庭。依照業師與林瑋嬪老師的論述，筆者認為可以將「地基主」視為依附在家屋土地的孤魂厲鬼，但是不能進入家屋內，所以祭祀的場所在屋簷下或屋外前庭，而舉行的祭祀儀式，就如同「拜碼頭」的行為一樣，透過祭品及金銀紙錢的利益輸送，換取居住平安、不受干擾，這種以世俗的觀念來兼顧陰陽兩界和諧所產生的祭祀行為，是民間信仰的一項特色，也比較能解釋「地基主」是孤魂厲鬼的說法。

（二）自然崇拜說

　　學者曹甲乙先生在《臺灣風物》所發表的〈也談民間俗信〉一文中認為：「地基主」屬於土地之神的崇拜，祭拜「地基主」就是祭祀其所住居房屋基地之神，是一種感恩「地」的行為。文中提到：

> 「地基主」（或為「地祇主公」即地神之主）；在本省民間，自古為了感謝「天覆地載」之恩，對於「天」有農曆正月初九的「天公生」，盛大的祭拜，這是人所共知的。對於「地」，則有農曆七月十五的「中元」，這一拜拜因為受「于蘭盆會」的「普度」的影響，一般僅知「普施孤魂」，很少另再祭拜地神。…不但農民感「地」的恩，就是商賈家家戶戶，每月的初二、十六兩天祭牙時，也都另

有祭拜「地基主公」之舉，這是祭祀其所住居房屋基地之
神，本是出自我中華民族感謝恩德的傳統精神。[12]

阮昌銳教授在《莊嚴的世界》書中也談到，「地基主」信仰也是
土地信仰的一種，是屬於古代精靈信仰中的自然崇拜，後來因為
民間的長期的誤解，轉而變成靈魂信仰。其敘述如下：

> 地基主，原為對房屋地基的崇拜，屬於自然神；與土地神
> 一樣，只是範圍限於一家建物的宅基而已，故可稱之為「宅
> 基神」。
>
> 臺灣民間多已經將自然神發展成為靈魂神。地基主或為原
> 先住在這塊土地上者，或為原地主，而這些鬼靈也許成為
> 無祀孤魂，可能前來作祟後住者；因此，在年節時都予祭
> 祀。民間將地基主視為屬神，與好兄弟為同類。[13]

臺灣省立新竹社會教育館《臺灣民間祭祀禮儀》一書，也引用上
文描述：

> 本省人「作牙」時，除拜土地公、祖先外，也有拜「地基
> 主」的習俗。地基主，原來是對房子地基的崇拜，屬自然
> 神，而俗信多已將自然發展成靈魂，以為地基主是跟這塊
> 土地有關係的人，或是原地主，或是原住民，或是曾死在
> 這塊土地上的人，而這些鬼魂也許已成為無人祭祀的孤魂
> 野鬼，可能來作祟，因此，在「做牙」時，都加以祭祀，

---

[12] 曹甲乙〈也談民間俗信〉，頁39~40，《臺灣風物》26：02，1976年。
[13] 阮昌銳《莊嚴的世界》，頁3~16，文開出版公司，1982年。

希望「地基主」能夠保佑闔家平安，事事順利。[14]

民俗學者李豐楙教授則認為「地基主」是房子所蓋之地的神明，他在《民俗曲藝》所發表的〈金門閭山派奠安儀式及其功能－以金湖鎮復國敦關氏家廟為例〉文章中提到：

> 由於建廟安奉一定與土地的職司之神有關，儒家所傳承的祭社之禮，在民眾則加以神格化、分身化，所以第一天下午就由家族中女眷備辦牲醴置於廟門外祭拜，在牆上有紅紙書寫「地基主」及「宅主」兩張，這是蓋房子後就需奉祀的，地基主即是所蓋之地的神明，神格較宅主的房宅神格高，可分開拜也可一起拜，關氏族人準備牲醴豐盛地祭拜，請託其保佑地基安定、房宅平安，為民間傳統的土地、房屋神的信仰習俗，要接連祭拜兩日。[15]

此外，李教授在著作《聚落與社會》一書，所撰寫的〈道、法信仰習俗與臺灣傳統建築〉文章中，更直接指出房子所在的土地也有神。文中說到：

> 若是與房子有關者，如地基主等都要祭謝（房子的土地也有神）。[16]

---

[14] 徐福全主稿《臺灣民間祭祀禮儀》，頁206，臺灣省立新竹社會教育館，1995年。

[15] 李豐楙〈金門閭山派奠安儀式及其功能－以金湖鎮復國敦關氏家廟為例〉，頁433，《民俗曲藝》第九十一期，1994年。

[16] 李豐楙〈道、法信仰習俗與臺灣傳統建築〉《聚落與社會》，頁115，田園城市文化事業有限公司，1998年。

主張「地基主」自然崇拜者，是將其視為與土地神同性質的信仰，只不過所管轄的範圍比較小，只侷限於一家建築物所在的基地。有關土地神的信仰性質、來源及演變，已經有學多學者研究過，也有相當詳細、清楚的成果資料，筆者在此不用再多贅述；同樣的如果說「地基主」如同土地神信仰一樣，是由古代精靈信仰中的自然崇拜轉化而來，在信仰發展形成與演變的過程中，應該也會有一些文獻資料的記載，可以供後世參考研究。可惜，提出此種說法者，並沒有再做進一步的詳細解說，而只是單純的認為，因為「地基主」與土地有關，就說是屬於自然崇拜中的土地信仰，這樣的說法我們暫且不去評論對錯與否，但是，無庸置疑的，在理論基礎薄弱的情形下，如同其他對「地基主」的說法一樣，充其量也只能當作是一種推論，無法探究出其真正的信仰性質與祭祀原由。

（三）庶物崇拜說

董芳苑教授在《臺灣民間宗教信仰》一書中，認為「地基主」主要崇拜的對象是地基，歸類為庶物崇拜祀神[17]。

根據上述說法，筆者認為董芳苑教授是觀察民間「地基主」的祭祀方式，基於其所要崇拜的對象是「地基」，而將之歸類為庶物崇拜。這樣的說法同樣是缺乏理論的支持，也只能當作是有關「地基主」祭祀性質推論中的一種，至於此種看法對不對，那就看是否能提出最有利的佐證資料。

---

[17] 董芳苑《臺灣民間宗教信仰》，頁 169，常青文化事業股份有限公司，1984 年。

（四）五祀信仰崇拜說

學者石萬壽教授在所主纂《永康鄉志》中，提出「地基主」是源自於五祀信仰。其說明如下：

> 地基主、門口公、簷口媽、灶王爺、井龍王：此五神合稱五祀，在祖甲變法以後即已存在，大多無神位、雕像，有時也見塑像，每逢清明、端午、中元、除夕等四次祭祀地基主為房舍所在的土地公，即五祀中的戶神。[18]

所謂「五祀」，即祭祀門、井、床、霤、土地等五神。《禮記·曲禮下》說：「天子祭五祀。」鄭玄注：「五祀，戶、灶、中霤、門、行也。」即春祀戶（入口之神），夏祀灶（灶神），季夏（夏末）祀中霤（室內中央暨土地之神），秋祀門（門神），冬祀行（道路之神）。漢以後五祀中易行為井《白虎通得論·五祀》：「五祀者，何謂也？謂門、戶、井、灶、中霤。」五祀信仰中的門、戶、井、灶諸神都有具體的庶物代表，因此還為民間所崇祀，也沒有變更任何名稱；而代表室內中央暨土地的中霤神，因為後來的學者對牠的解釋及看法不同而有不同的稱呼轉化，如：土地龍神、土地公、「地基主」等，無法再以舊有的稱呼來表示。因此，對於「地基主」是源自於五祀信仰崇拜的角度來看，最有可能的是由中霤神的祀神性質所轉化，並非如上述所說的是五祀中的戶神；至於作者為何提出如此的說法，筆者百思不得其解，畢竟代表入口之神的「戶」與代表土地所有者的「地基主」，二者性質截然不同。

---

[18] 石萬壽主纂《永康鄉志》，頁753，永康鄉公所，1988年。

（五）阿立祖崇拜說

　　民間學者或民俗工作者，除了將「地基主」信仰歸類為自然信仰、庶物信仰、靈魂信仰外，還有人認為祂是源自於平埔族人「阿立祖」崇祀，是臺灣移民墾殖所發展出的獨特信仰文化，並不是由大陸原鄉傳承而來的。學者簡炯仁就是主張此種論述，其在《臺灣開發與族群》書中所收納的〈臺灣人拜「地基主」的由來〉文章談到：

> 漢人「羅漢跤」，將娘家平埔族人的土地「牽手」強佔過來之後，就地安厝，可是，一想到當地原屬平埔族人，而且長久以來就在平埔族人的「Aritus」，「阿立祖」的管轄之下，對「Aritus」，「阿立祖」作祟的厲害，心裡難免不安，而想要祭祀祂。不過，漢人的「羅漢跤」，一向看不起平埔族，長卑視他們為「番仔」，當然就不願意祭祀「番仔」的「阿立祖」，只好以另一個漢化的神名來祭祀祂。「阿立祖」是平埔族部落的共同開創祖靈，等於是漢人的「開基祖」，不過，如前所述，每一個漢人的庄頭或宗族的「開基祖」，早已有專屬的祭祀，如客庄的「開庄伯」或祠堂，只好以「開基祖」的另一個稱呼—「地基主」，意指「不特定的開基主」，來取代平埔族人的「Aritus」，「阿立祖」。[19]

依照簡炯仁先生的推論：「地基主」是因為漢人不願意入境隨俗祭祀平埔族的祖靈「阿立祖」，但是又畏懼祂作祟報復，所產生

---

[19] 簡炯仁〈臺灣人拜「地基主」的由來〉《臺灣開發與族群》，頁 427，前衛出版社，1995 年。

的漢化神名。原先這個新的神名應該叫做「開基祖」，但是因為
這個稱呼已有專屬的祭祀，不能再使用，只好以另外一個稱呼－
「地基主」來代表，「意指不特定的開基祖」，來取代平埔族人
的「阿立祖」。這樣的論述，顯然是一個推測多於理論的「大膽
假設」[20]，作者只是著眼於臺灣本島漢人與平埔族人的互動關
係，忽略了比臺灣更早接觸漢文化的金門、澎湖等地的同質信
仰。所以若是依照上述推論，「地基主」信仰是源自於平埔族的
「阿立祖」崇祀，那麼金門、澎湖地區應該也是平埔族人生活的
區域，自然而然應該會有許多相關平埔文化的遺跡；但是就現實
面而言，無論是歷史記載或考古文物資料，都不曾發現這些區域
有平埔族人的足跡，然而此地有「地基主」信仰的存在，卻是一
項不可否認的事實。如此一來，把「地基主」當作是平埔族「阿
立祖」崇拜轉化的說法，自然就不存在了。

再者，就上述解釋為何將「阿立祖」稱呼為「地基主」的說
法而言，作者認為不把「阿立祖」說為「開基祖」是因為「開基
祖」這個名詞已經有了專屬的祭祀，不能再重複，只好以另外一
個稱呼－「地基主」來代表，「意指不特定的開基祖」。其實在
民間信仰中「開基祖」是一個很通俗的名稱，有人用來稱呼自己
宗族的最早祖先；也有人用來稱區域內最早奉祀的神明，因此無
所謂專屬、不專屬的問題。因此，若是將「阿立祖」以「某地開
基祖」或「某地開基祖靈」的名號來稱呼，不是更能融入漢民族
的生活信仰中，而且也不會招致異樣的眼光，祭祀時也不必遮遮
掩掩，一點也不正大光明。至於作者為何會有這樣的說法，筆者
認為有可能是受到日人鈴木清一郎的觀點影響。鈴木清一郎先生

---

[20] 劉還月《臺灣人的祀神與祭禮》，頁 83，常民文化，2000 年。

在《臺灣舊慣婚葬祭と年中行事》一書中認為：

> 每一家住戶都有一個最早開拓的開基祖，臺灣人特別稱之
> 為「地基主」。但是開基祖在開拓建設住宅之後，有的不
> 幸被其他移民侵略霸佔，有的由於某種因素而轉讓給他
> 人，因此人們就認為地基主的怨靈必然陰魂不散，如果不
> 加以祭祀就會作怪[21]。

依照上述論點，作者先將鈴木清一郎先生所說的「每一家住戶」
都歸類為平埔族人，在這個前提下，「阿立祖」理所當然的就是
所謂的「最早開拓的開基祖」，而漢人就是充當「移民侵略霸佔」
的角色，所有的要素都套入鈴木清一郎先生的說法後，只要再就
「阿立祖」為何不能稱為「開基主」稍做解釋，「阿立祖」等於
「地基主」的說法，就這樣的被推論出。

二、民間一般觀念中所認知的「地基主」

　　除了上述學者專家的論述外，民間對於「地基主」的性質，
也有不同的說法，以下是筆者田調過程中所訪談之資料，今說明
如下：

（一）一般民眾的說法

1.以前地主的靈魂
和鈴木清一郎所提的「幽鬼崇拜」論點一樣，現今民間許多

---

[21] 鈴木清一郎《臺灣舊慣婚葬祭と年中行事》，頁 22~23，南天書局股
份有限公司，1934 年。本文引自馮作民譯《增訂臺灣舊慣習俗信仰》，
頁 25~26，眾文圖書股份有限公司，1989 年。

人將「地基主」視為住宅以前地主的靈魂,因此祭拜時燒化的紙錢是和給「好兄弟」所用的一樣,有銀紙、九金和經衣等。更有趣的是,民間還有人認為每一塊土地經過累世以來,「地基主」不只一個,有所謂的歷代「地基主」,嘉義市萬善君廟地基主祠內就供奉一塊「五十代地基主」牌位[22],相當奇特。

2.護持地基之神

民間也有人就「地基主」中「地基」二字來解釋,認為「地基主」就是主管「地基」之神。所謂「踏地基就有地基主公」,「地基主」不但可以護持建築工程順利完成,還可以保佑日後的居住平安[23]。因此,整個建築工程從「動土」開始到結束,每逢農曆的初二、十六都需要祭拜「地基主」,祈求工程能順利進行;這樣的祭祀儀式在「入厝」進住後,也一直持續著,目的是希望在居住期間能平安順遂[24]。此種將「地基主」視為護持「地基」之神的觀念,在高樓大廈林立的都市地區最常見。去年十月十五日臺北發生規模七的大地震,是日適逢農曆初二,世界最高大樓「一○一大樓」商家依習俗拜拜時,不忘燒紙錢給「地基主」,祈求平安並保佑地震別再來[25]。

3.家裡的土地公或鬼

日本學者植野弘子所著作的〈臺灣漢民族の死靈と土地－謝土儀禮と地基主をめぐつて〉一文中談到,臺北樹林地區將「地

---

[22] 筆者田調所得資料。

[23] 筆者訪談高雄縣田寮鄉南安村岡山頭地基主祠所得資料。

[24] 張宇彤《金門與澎湖傳統民宅形塑之比較研究》,頁97,成功大學建築研究所博論,2001年。

[25] 詳見民國九十三年十月十六日聯合報頭版照片－「101地基主,保佑地震別再來」。

基主」視為家裡的土地公或是鬼，其所祭拜的位置是在屋內的廚房，燒化的紙錢是銀紙不是金紙[26]，此種說法相當特殊。

（二）主持謝土儀式法師的說法

1.宮公、宮婆（宅公、宅婆）

所謂宮公、宮婆（宅公、宅婆）就是負責守護廟宇（宅），並負責打點一切事物之神。民間有些法師因為宮公、宮婆（宅公、宅婆）負責管理廟宇（宅）事務，因而將其視為「地基主」[27]。

2.家神或戶神

和前述說法不同，佳里集應壇陳應陞（雲仔）法師則認為，「地基主」掌管所屬地基上的家宅及家中之成員，負責保護他們的安危，因此其性質為護持家宅之神，可以視為家神或戶神[28]。

3.土神（煞）

民間也有法師認為，「地基主」職司與土地有關，每逢「動土」或「謝土」時都必須祭拜「地基主」，因此可以將其視為土神（煞）之屬，祭祀時則比照祭土神（煞）方式，以生的三牲、酒及素果等[29]。

綜合上述有關「地基主」的信仰性質說法，筆者認為不論是「靈魂崇拜」、「自然崇拜」「庶物崇拜」、「五祀信仰崇拜」、

---

[26]　植野弘子〈臺灣漢民族の死靈と土地－謝土儀禮と地基主をめぐつて〉，頁395，《國立歷史民俗博物館研究報告》第四十一集，日本千葉縣：國立歷史民俗博物館，1992年。

[27]　主持佳里興震興宮癸未年謝土儀式的蘇趁法師、黃漢鋐法師就是秉持此種觀點。

[28]　筆者民國九十二年十一月九日訪談資料。

[29]　筆者民國九十二年十二月二十日訪談山上鄉鄭仙化法師所得資料。

「阿立祖崇拜」，還是民間民眾、法師的說法，都只是就農曆歲時節俗上的祭祀風俗，配合一般社會民眾的傳統認知，所形成的推論，並沒有真正對「地基主」信仰的形成背景及發展過程，找出具有說服性的論點或證據，因此充其量也只能當作是一種「模糊性」的概念。學者仇德哉在《臺灣之寺廟與神明（四）》一書中，對於「地基主」的介紹說明，也因為無法確定來源及崇祀性質，只能依照民間的普遍認知而採用比較綜合性的說法。他說：

> 地基主者，有謂屬屬類，即無後之孤魂，有謂為司土地之神。又有謂生於當地之人，死後之孤魂野鬼，有別於遠死他鄉之鬼。[30]

日本學者植野弘子教授在《國立歷史民俗博物館研究報告》一書，所發表的〈臺灣漢民族の死靈と土地－謝土儀禮と地基主をめぐつて〉文章中也談到「地基主」的特性：

> 「地基主」是以前土地的擁有者，但並非是死去的祖先，而是寄宿在這個土地的靈。也有人認為「鬼」會因怨恨而留滯於土地之中。「地基主」的性質並不是如同「鬼」一樣。但祂也不像是由玉皇大帝所正式任職的神明。「地基主」剛好同時具有死靈跟神兩種超自然存在的特性。[31]

---

[30] 仇德哉《臺灣之寺廟與神明（四）》，頁 396，臺灣省文獻委員會，1983年。

[31] 植野弘子〈臺灣漢民族の死靈と土地－謝土儀禮と地基主をめぐつて〉，頁 385，《國立歷史民俗博物館研究報告》第四十一集，日本千葉縣：國立歷史民俗博物館，1992 年。

於此，究竟臺灣民間「地基主」祭祀行為的產生，是基於早期中國大陸原鄉移民信仰文化；還是因為明、清以來，漢人在臺灣拓墾所形成的獨特地方祭祀習俗；或者是臺灣本土原住民傳統信仰風俗的衍生，理論上應該會有許多的脈絡可循。畢竟一個信仰文化的形成，絕對不是一天、二天就能夠達到的，若是沒有經過長期的發展、互動，和其他文化的不斷融合，是無法擴大信仰空間與延續信仰的時間，於此面對這一個在民間已經存在的信仰事實，筆者遍尋資料，試圖找出祂的真正信仰源頭。

表 2-1：「地基主」信仰性質分類一覽表

地基主信仰性質	主要論點	提出者	備註
靈魂崇拜說	地基主屬於幽鬼崇拜，就是祭祀無主孤魂和厲鬼等。	鈴木清一郎	
自然崇拜說	地基主，原為對房屋地基的崇拜，屬於自然神；與土地神一樣，只是範圍限於一家建物的宅基而已，故可稱為「宅基神」。	阮昌銳	
庶物崇拜說	地基主，主要崇拜的對象是地基，歸類為庶物崇拜祀神。	董芳苑	
五祀信仰崇拜說	地基主為房舍所在的土地公，即五祀中的戶神。	石萬壽	
阿立祖崇拜說	漢人不願意祭拜平埔族的祖靈「阿立祖」，但是又畏懼祂作祟報復，所產生的漢化神名。	簡炯仁	

資料來源：筆者自行整理

第二節　由臺灣民間相關儀式來談「地基主」

「地基主」就字義而言：就是地基之主。「地基」，這個名詞本身有兩種意思，第一種是指可以提供做為起蓋屋宅使用的建

築土地。這種概念可以由下面一則清代官方的諭示文中，清楚的
看出：

> 賞戴花翎、署理臺北府正堂卓異候陞陳，為出示招建事。
> 照得臺北艋舺地方，奉設府治，現在城基街道均已分別勘
> 定。街路既定，民房為先，所有起蓋民房地基若不酌議定
> 章，民無適從，轉恐懷疑觀望。因飭公正紳董酌中公議：
> 凡起蓋民房，地基每座廣闊一丈八尺，進深二十四丈，先
> 給地基現銷銀一十五元，仍每年議納地租銀二元。據各紳
> 會議稟覆，經本府詳奉臬道憲批准飭遵在案。除諭飭各紳
> 董廣為招建外，合行出示曉諭。為此示仰紳董、郊鋪、農
> 佃、軍民人等知悉：爾等須知新設府城街道，現辦招建民
> 房，務宜即日來城，遵照公議定章就地起蓋，每座應深二
> 十四丈，寬一丈八尺，先備現銷地基銀一十五元，每年仍
> 交地租二元，各向田主交銀立字，赴局報明，勘給地基，
> 聽其立時起蓋。至於造屋多寡，或一人而獨造數座，或數
> 人而合造一座，各隨力之所能，聽爾紳民之便，總期多多
> 益善，最望速速前來。自示之後，無論近處遠來，既有定
> 章可遵，給價交租決無額外多索，務望踴躍爭先，切勿遲
> 疑觀望，切切，特示。

> 光緒五年三月　　日給。[32]

在清代臺灣一些土地字契中，常見到它的出現，如：《臺灣私法
物權篇》第一〇之一典店地基契字、第一一杜絕賣契字、第一二

---

[32] 臨時臺灣舊慣調查會《臺灣私法物權篇》，頁499~500，臺銀版。

地基字、第一五租地起蓋收地基銀字、第一八給地基字、第二一之二杜賣盡根地基字、第四二之一賣盡根地基字、第二四之二永遠租地基字；《清代臺灣大租調查書》第五章地基租：第一節給地基字、第二節典賣字、第三節其他契字，契約中不論是土地賣與他人或承租予他人建屋，都以「地基」來代表自己所有的土地。《臺灣私法物權篇》第四二之一賣盡根地基字：

> 立賣盡根地基字人鹿港北頭廖松，有自己建置地基一所，坐落土名新興街，坐東向西，東至魚池為界，西至街路為界，南至施宅為界，北至章宅為界，四至界址明白。今因為家兩難，乏銀費用，願將地基出賣，先向房親人等不欲承受，外托中引就向與新興街稅戶蕭李氏，三面言議時值價銀六大元，庫平四兩二錢正。其銀隨即交收足訖；其地基付銀主前去掌受，不敢異言生端。自此一賣千休，永斷葛藤，二比仁義交接，甘心兩願，各無反悔。口恐無憑，今欲有憑，立賣盡根地基契一紙，付執為炤。字內批明：上手契為戴逆反亂遷移失落，不得繳連，再炤。即日同中親收過盡根地基契銀六大元，庫平四兩二錢正完足，再炤。
>
> 光緒壬午年十月日。
>
> 　　　　　　　　　　為中人　　施水珍
> 　　　　　　　　知見人母親　　廖吳氏[33]

《清代臺灣大租調查書》第五章地基租：第一節給地基字：

---

[33] 同上引文，頁543~544。

立給出墾批地基字業戶錢榮和等，於先年承祖父遺下開墾置有地基一處，坐落土名波羅汶。其地基東至竹礐，與葉家毗連為界，西至大車路為界，南至公地為界，北至錢家坡唇直透為界；四至界址同中面踏分明。和自己不能架造，託中引就招得漢人彭阿進前來自備工本架造房屋，進備出花紅酒席錢八大元正，即口色現經中交於和等親收足訖，並無債貨準折短少等情。其地基四至界址，同中沿踏分明，交付進前去掌管，任從架造房屋居住，永為己業。保此業明系承祖父開墾之業，與別房雜番人等無干，亦無重張典借他人財物為礙。自賣之後，永不敢異言生端枝節等情，亦不敢言增言贖找洗滋事。此系二比允歡，仁義相交，各無反悔，口恐無憑，今欲有憑，立給出墾批地基字一紙，付執為照。

即日批明：和等實收過字內花紅酒席銀八大元正，親收足訖，批照。

再批明：進每年應納錢業戶大租佛銀二角正，立批，再照。

嘉慶二年（丁巳歲）十月　日。

　　　　　　　　依口代筆人　陳多青
　　　　　　　　說合中人　詹成勤
　　　　　　　　在場後裔　恭淑

立給出墾批地基字業戶 錢榮和[34]

這種可供建築的土地，也包含廟地，《新竹縣志初稿》祠祀記載：

> 福德廟 在十鬮莊。光緒五年建。廟宇二坪八合、地基二
> 十六坪。觀音廟 在南嵌莊。光緒二十三年建。廟宇四坪
> 二合四勺、地基五十坪零三合。[35]

「地基」的第二種意思，就是指建物的基礎，也就是地盤。日本
學者國分直一在所著作的《臺灣的歷史與民俗》一書中，對「地
基」有詳細的解釋。他說：

> 所謂的地基，意思接近用土堆起來建成的壇，是建坪內部
> 所有基礎工事的場所，所以也包括打地基的泥土地（土腳）
> 在內。地基的建築工程，是先壓平地面（拼土）。若是在
> 低地上建築，就要搬運泥土，在相當於牆壁的地方打樁
> 子，用繩子圍住，往下挖大約三十公分，填以砂石，稱為
> 「地基腳」，然後在上面建築。[36]

由黃耀能先生所總纂的《續修高雄市志》專書，就有這樣的記載：

> 整土完竣後，在擬築壁牆之處，挖下大約一臺尺的深度，
> 再填入老古石與灰砂稱謂「地基腳」。奠基時須以香案、
> 牲醴、金紙等祭拜地基神，祈求興建過程平安，順利圓滿。

---

[34] 臨時臺灣土地調查局《清代臺灣大租調查書》，頁824~825，臺銀版。
[35] 鄭鵬雲、曾逢辰纂輯《新竹縣志初稿》，頁120，光緒二十三年。
[36] 國分直一著，邱夢蕾譯《臺灣的歷史與民俗》，頁143，武陵出版有
限公司，1998年。

[37]

就整座建築物而言，「地基」就是底盤，也就是建築物的基礎，
它的結構穩固與否，關係著地上物的安全，所以民間在動土營建
房宅時，對整個「地基」處理的工作態度相當謹慎，不僅要求建
築材料的真實和施工的確實，還要進行一些民俗宗教儀式，祈求
日後施工的平安順利，建立一座能為屋主帶來福氣，能人丁興旺
的宅厝。

　　綜合上述兩種意思，「地基」既可以解釋為可供建築用的土
地，也可以當作是土地上建物結構的基礎，而「地基主」自然而
然就可以解釋成建物及其所在土地的主權擁有者。目前民間除了
一般家庭歲時節慶的祭祀外，也會在建物興建的過程中與完成
後，舉行相關的儀式來祭拜「地基主」，以下就是針對這些儀式
與「地基主」的關係所做的介紹。

一、「營建儀式」與「地基主」

　　所謂「營建儀式」是指傳統民宅或廟宇在興建的過程中，所
伴隨舉行的相關祭祀行為。民間的儀式行為，大都數和鬼神信仰
有關，無論鬼神是儀式行為的原始動機，亦或是民間藉鬼神來達
到其追求目標的深層價值[38]，營建過程中的諸儀式即在此信仰系
統下，希望藉由神佛的進駐而達到驅邪避煞的功能，並使居住於

---

[37] 黃耀能總纂《續修高雄市志》‧卷八‧社會志風俗語言篇，頁58，高
　　雄市文獻委員會，1997年。

[38] 林會承〈臺灣傳統家屋中的儀式行為及其間所隱含的家屋理念與空間
　　觀〉《賀陳詞教授七秩壽慶論文集》，頁103，詹氏書局，1990。

期間者得以事事順遂[39]。然而就建築工法而言，民宅沒有營建儀式的舉行，建築物照樣能施工完成，但是在傳統民間信仰的文化因素影響下，為了能長住久安，營建儀式與建築工事同等的重要，在施工的過程中，兩者之間有密不可分的關係。雖然目前民間住宅大都已走向新式的洋房建築，不過在興建的過程中還是保留一些「營建儀式」，足見其對常民生活文化的影響。

除了傳統民宅的建築重視「營建儀式」外，一般廟宇的興建對此更是馬虎不得，興建的過程中都必須符合「營建儀式」的規範，因為民間俗信若是在營造的過程中沒有依照儀式而行，廟宇無法建築成為神明居住的神聖空間，如此一來會招惹無形的邪煞入侵，神明也無法安穩鎮守廟中，擋妖除煞、護佑黎民百姓。

目前民間所流傳的「營建儀式」步驟名稱，因應儀式內涵的不同而有地域性的差異，不過所舉行的內容大都大同小異，沒有很大的變化。這些儀式的舉行除了有象徵性的意義外，還要藉由相關神明的祭祀，來祈求營建過程的平安順利。而整個儀式過程所祭拜的神明，除了土地公、魯班先師、荷葉祖師及坐鎮的主神外，有些還必須祭拜「地基主」。以下是筆者針對有關「地基主」祭祀的「營建儀式」所做的說明。

（一）動土

傳統上，一般建築物在開始建造前都需要舉行動土儀式，其目的在告知土地諸神，此地將動土興建房子，並祈求能保佑興建過程順利及往後居住的平安。通常動土儀式舉行前，大都會先擺

---

[39] 張宇彤《金門與澎湖傳統民宅形塑之比較研究》，頁 62，成大建築所博論，2001 年。

設香案準備供品來祭祀相關神明，當然也包括祭拜「地基主」，
這樣的記載在各種研究「營建儀式」的有關專書或期刊論文中常
見到。李重耀先生在《空間雜誌》所發表的〈臺灣傳統建築過程
禮祭風俗簡介－開工、上樑、落成儀式之簡述〉文章中就談到：

> 動土儀式前，應先經由擇日師選擇吉日良辰來舉行，並準
> 備供品（牲醴、鮮果、清茶、美酒）及四色金紙（壽金、
> 刈金、福金、金錢等祭品），向土地龍神、土地公、地基
> 主，祈求工程的順利進行。[40]

林營宏先生所撰寫的《由澎湖四欅頭內之儀式行為探討住屋領域
之界定》論文中也提到：

> 在動土前，必須祭拜土地公或地基主，祭拜的目的，在於
> 告知土地公即將起厝，並祈求土地公保佑興建過程順利及
> 往後居住之平安。[41]

張宇彤博士所著作的《金門與澎湖傳統民宅形塑之比較研究》論
文中敘述：

> 金門傳統民宅之營建過程中，自「動土」開始至工程結束，
> 每逢初二、十六皆需拜地基主，以求工程得以順利進行；
> 直至「入厝」進住，拜地基主的儀式亦一直持續著，以祈

---

[40] 李重耀〈臺灣傳統建築過程禮祭風俗簡介－開工、上樑、落成儀式之
　　簡述〉，頁90，《空間雜誌》第四十八期，1993年。

[41] 林營宏《由澎湖四欅頭內之儀式行為探討住屋領域之界定》，頁21，
　　中原大學建築所碩論，1996年。

　　居住期間得以平安順遂。[42]

學者陳怡安在澎湖研究第一屆學術研討會中，所發表的〈澎湖本島傳統民宅之營建儀式考察～從「動土」到「入厝」〉論文，對動土儀式也有詳細的說明：

　　依早期習慣，動土儀式進行之前主人家會去宮廟迎請主神到營建現場坐鎮，以祈求營建工程能順利進行，並備妥牲禮、四果、紅圓、龜粿、百金數疊，以及土水師傅頭的工具「瓦刀」，擺桌於未來的深井處，朝向厝內祭拜主神、土地公或地基主[43]。

此外，筆者實地採訪鄰近鄉鎮建設公司新建工程動土典禮，在儀式所應用的祭祀祝禱詞上，發現「地基主」也位在拜請神明行列中。整篇祝禱詞內容如下：

　　清香拜請福德正神、地基主神、以及過往神祇，主祭官○○以及眾貴賓，於中華民國九十三年○月○日，農曆歲次甲申年閏二月○日在○○○○地號上，舉行○○○○新建工程動土典禮，虔誠準備素果、清茶、鮮花、香燭、金銀財寶答謝。敬請鑑納領受，並祈求工程施工順序、平安，

---

[42] 張宇彤《金門與澎湖傳統民宅形塑之比較研究》，頁97，成大建築所博論，2001年。

[43] 陳怡安〈澎湖本島傳統民宅之營建儀式考察～從「動土」到「入厝」〉《澎湖研究第一屆學術研討會論文輯》，頁272，澎湖縣文化局，2002年。

如期完工，與祭貴賓闔家平安、身體健康。敬此。[44]

不過民間也有人在動土儀式時，沒有將「地基主」列為所要拜請
的神明，而於儀式結束後，另行再單獨祭拜。張逸堂先生所編著
的《拜出好運來－好運旺旺來》一書中就有這樣的記載：

> 動土典禮結束後，並於當日下午另行在工地上祭拜地基
> 主。[45]

至於為甚麼要在儀式結束後單獨祭祀「地基主」，而不在動土時
一起祭拜，該作者並沒有詳細說明，或許這是因為信仰習俗不同
而有地域上的差異。

除了民宅興建動土時會有祭拜「地基主」的儀式外，廟宇的
建設也不例外，也會準備牲醴、香燭、鮮花、五果、金銀紙錢祭
拜土地諸神及本廟的主神。此種儀式在澎湖地區新建廟宇動土時
更為慎重，廟方必須要向「地基主」上香、獻茶、行三跪九叩首
禮後，主事者才能披上紅綾開始鏟動土地；動土完畢後，還要回
到香案前稟告，口中唸誦：「地基主，本廟動土完畢。」然後再
燒化金銀紙錢、鳴放禮炮[46]，整個儀式才算大功告成。

（二）下基、做基礎

一般傳統民宅在動土打地基前，會先延請風水先生來為建地

---

[44] 感謝詹益寧建築師事務所提供。

[45] 張逸堂編著《拜出好運來－好運旺旺來》，頁311，研智有限公司，1999
年。

[46] 黃有興、甘村吉《澎湖民間祭典儀式與應用文書》，頁149，澎湖縣文
化局，2003年。

看風水（地理）和選方位，之後，營建師傅再以這個方位為中軸來「踏地基」，畫出住宅所坐落的四個角落。動土完成後，整理好地基，就可以根據所畫的四個角落來進行開挖土地，以便進行後續的打地基做基礎的工作；而在做基礎的同時，主家通常會準備一些供品、金銀紙錢來祭拜「地基主」，祈求能奠基順利，建造過程圓滿成功。黃耀能先生所總纂的《續修高雄市志》專書，就有這樣的記載：

> 整土完竣後，在擬築壁牆之處，挖下大約一臺尺的深度，再填入老古石與灰砂稱謂「地基腳」。奠基時須以香案、牲醴、金紙等祭拜地基神，祈求興建過程平安，順利圓滿。[47]

澎湖地區傳統民宅建築，對於奠基的儀式更講究，在做基礎前，還必須選擇吉日良時來進行「下基」儀式。所謂「下基」就是把金紙、五穀銤炭（小米、豆類等五項農作物，及鋤頭碎片－銤、火炭，均代表財富）、鐵丁（即「丁」，即男人）、銅錢等財寶，安置在厝之四個厝角（再加上大厝身後壁中心點）基坑之儀式。下基主要由土水師傅頭主其事，並由主家準備祭品來祭拜「地基主」。下基儀式完成後，燃燒金紙、鳴放禮炮，主家在金紙燃畢前，用米酒以繞圈方式澆淋燃燒的金紙外圍並唸誦佳句，所唸佳句如下：

> 一杯米酒敬基主，四時平安，八節有慶。

---

[47] 黃耀能總纂《續修高雄市志》．卷八・社會志風俗語言篇，頁58，高雄市文獻委員會，1997年。

　　二杯米酒敬基主，保佑闔家平安。

　　三杯米酒敬基主，六畜興旺，平安大發財[48]。

下基儀式完成後，做好基礎，就可以開始房宅厝身的營建工作。

　　澎湖地區廟宇的營建也非常注重下基（又稱為起基）的儀式，除了要備辦香案祭祀外，有的還必須恭讀起基祝文，文中主要叩稟的對象是廟中主神、「地基主」，唸完祝文後並加以焚化，之後由乩童帶領廟方人員執行下基的動作；慎重一些的廟宇還會請「小法」在奠基處煮鉎鉈洗淨基地、召五營及插竹符的法術來「祭煞方」[49]。

（三）入厝

　　民間所謂的入厝是指家中的成員及所奉祀的神佛、公媽，正式進駐新居的意思。入厝的目的在於藉由神佛的進駐及祖先與家庭成員的進住定位民宅中心，完成「家」的角色扮演，為民宅「由無到有」的聖化過程畫上句點。至此，「家」終於得以定位，其不僅得以蒙神庇蔭，象徵家族血脈源頭的祖先亦就此長住吾家，民宅中心得以完整建構[50]。民間舉行入厝儀式時，除祭祀天地諸神及家中神佛、公媽外，大都會再另行祭拜「地基主」，祈求居住平安；不過這樣的祭祀儀式在澎湖地區卻被省略掉，原因為

---

[48] 林營宏《由澎湖四欅頭內之儀式行為探討住屋領域之界定》，頁30~31，中原大學建築所碩論，1996 年。

[49] 黃有興、甘村吉《澎湖民間祭典儀式與應用文書》，頁 149~151，澎湖縣文化局，2003 年。

[50] 張宇彤《金門與澎湖傳統民宅形塑之比較研究》，頁 96，成大建築所博論，2001 年。

何，眾說紛紜，莫衷一是。筆者推測是不是當地認為，從動土到入厝前的「營建儀式」與「地基主」有關，因此需要祭祀，如今住宅落成舉行入厝儀式，是屬於主家與自家神佛、公媽的事，所以只需要祭拜神明及公媽，無須再祭祀「地基主」。

（四）其他

除了上述「營建儀式」舉行時，會祭拜「地基主」外，澎湖部分地區在「安砛」的時候，也會有相同的祭拜儀式。

所謂「安砛」有兩種詞意：若指營建步驟，則為在夯地坪前先安置位在臺基邊緣的石砛，以便界定出各空間的地坪高度；若指營建儀式，則為在安置庭下正中央的砛前需祭拜、「下財寶」[51]。「安砛」時所祭祀的對象是「地基主」或「砛」，會有這樣的爭議完全是依照主事匠師的觀點。有的匠師認為「安砛」就是拜「砛」；有的認為「安砛」屬土，以土地公為主，所以拜土地公就是拜「地基主」[52]。

另外，值得一提的是，由於各地習俗不同，澎湖也有一些地區在廟宇興建上樑的時候，會祭拜「地基主」。如南寮村保寧宮上樑時，同時雕塑「地基主」神像，經過開光點眼儀式之後，在廟後方另外建造小屋奉祀[53]。

---

[51] 陳怡安〈澎湖本島傳統民宅之營建儀式考察～從「動土」到「入厝」〉《澎湖研究第一屆學術研討會論文輯》，頁 277，澎湖縣文化局，2002年。

[52] 林營宏《由澎湖四櫸頭內之儀式行為探討住屋領域之界定》，頁 35，中原大學建築所碩論，1996 年。

[53] 黃有興、甘村吉《澎湖民間祭典儀式與應用文書》，頁 149~161，澎湖縣文化局，2003 年。

由上述民間相關「營建儀式」的祭祀行為中，我們可以看出「地基主」所扮演角色的重要，除了建設前的「動土」及建設後的落成「入厝」要祭拜「地基主」外，連「下基」或「做基礎」、「上樑」、「安砛」等安定、聖化建築空間的重大儀式，也必須準備香案、供品、金銀紙錢來祭祀。於此，「地基主」的性質似乎不是如一般民俗學者所說的是「先住者的亡靈」或是俗稱「好兄弟」的孤魂野鬼，如果不加以祭祀就會作祟為禍；而是具有護持營建過程順利以及將營建空間聖化的「職能神」特色，若非如此，有誰願意在「下基」、「安砛」安置代表吉利的象徵物，以及「上樑」為樑中八卦開光點眼的神聖時刻，祭拜亡靈或孤魂厲鬼，讓祂們得以進入，破壞建物所在空間的聖化。

二、「謝土儀式」與「地基主」

所謂「謝土」就是民間在興建房屋、宗祠、廟宇或造墳完成後，為感謝土地神祇的庇祐與驅逐在「動土」興建過程中產生的神煞所舉行的儀式，這種儀式進行的形式，因各地傳統習俗或主事者的認知而有所差異，大體上可區分為以道士或法師為主的兩種方式。

不論是以道士或法師為主體而舉行的「謝土」儀式，其主要意義就是對於開挖破壞的土地，在建設完成後，進行重新安鎮除煞的儀式，期使能讓合宅、合境之人重獲平安，不受各方土煞所禍祟。漢朝王充《論衡》解除篇對此即有記載：

> 世間繕治宅舍，鑿地掘土，功成作畢，解謝土神，名曰解
> 土；為土偶人，以像鬼形。今巫祝延以解土。神已祭之後，

心快意喜，謂鬼神解謝，殃禍除去。[54]

前清《通俗編》一書中也收錄了有關「謝土」的資料：

> 容齋四筆：世俗營建宅舍或遭小疾厄，皆云犯土。故道家
> 有謝土司章醮之文。[55]

這些資料充分反映出古人對土地的開挖與營造完成的重視，更傳達了人們長期以來對土地的尊重與敬畏之情。在這樣的復雜情感下，大家對土地的開挖與營造莫不小心翼翼，深怕如果沒有處理好土地的問題，會因此引起意外或招致疾厄的產生；而道家為了替民眾平息因土地所產生的諸多問題，衍生出許多有關的經典或科儀，如：「太上老君說安宅八陽經」、「太上老君說補謝八陽經」、「太上安鎮九壘龍神妙經」、「正一醮宅儀」、「安宅解犯懺方儀」、「安宅解犯儀」等，「解謝土神」禮敬土地的儀式，就在這樣的常民文化生活認同中流傳下來。

民間由法師所主持的「謝土」儀式，依據實施內容的複雜程度，可分為「大謝土」、「中謝土」、「小謝土」[56]，而舉行「謝土」的目的除了要感恩土地外；最主要的是要藉著儀式的舉行，將開挖土地時所產生的凶神惡煞及原本盤據在土地上的「不好的東西」趕走，維護土地的淨化空間，讓具有建築物的土地脫離這些複雜的靈體，成為適合人使用的所有物。目前民間住宅已經少

---

[54] 王充《論衡》，卷下・解除篇，頁106，宏業書局出版，1983年。

[55] 清翟灝編《通俗編》，卷六，頁11~12，藝文出版社出版，1968年。

[56] 依照民間法師說法：「大謝土」包含所有的法事儀式；「中謝土」沒有「大謝土」中的埋「地契磚」、「翻神土」、「收內煞」等儀式，「小謝土」則更為簡單。

有人會舉行「謝土」儀式，通常都只是簡單的準備一些供品祭拜而已，真正看得到較複雜完整的「謝土」儀式，只有在新建廟宇或祠堂落成後；而這些儀式內容又因為法師派別及各地習俗不同，在程序上或做法上會有一些差異，不過大體上都會有下列共同的儀式[57]：

（一）廟外謝神祭煞、祭拜「地基主」、境內「好兄弟」

由法師帶領全體信眾，進行叩謝各方神明與神煞、「地基主」、境內「好兄弟」，感謝營建工程能順利完成，並對動土時的打擾與破壞表示歉意。整個祭拜儀式在燃香三巡過後，由值年爐主「卜杯」取得諸煞神、「地基主」、「好兄弟」同意後完成，此時法師會舉行「押煞」的儀式，來趕走祭場上「不好的東西」，法師儀式完成後就可以燒化金銀紙錢，信眾得以收拾祭品回家。

（二）廟內收煞與安置

廟內收煞與安置儀式的主要目的，是希望由法師藉著神力來收服「五方煞神」，並安置龍神、與宮公宮婆。其步驟如下：

1.廟內祭煞

廟內「收煞」的科儀法場通常設置在大門內空地處。儀式舉行時，法師先點香祭拜，然後再將代表「五方煞神」的紙糊五色人形偶和三支書寫「普唵祖師」、「九天玄女娘娘」、「楊公祖師」名號的竹符開光，注入靈力。相傳「五方煞神」是「普唵祖師」的外甥，「九天玄女娘娘」和「楊公祖師」則擁有強大的神

---

[57] 感謝臺南縣佳里鎮集應壇陳應陞法師、佳里興蘇趁法師、黃漢鋐法師資料提供。

力，能收服壓制「五方煞神」。開光後，法師接著進行唸頌經文安撫煞神，並祈請能在接受供養後，順利的離開。

2.「翻神土」

法師運用掃把、傘、草蓆等法器，如雞躍一般，在東、南、西、北、中五個方位，或掃除地面；或拍打地上，象徵著將廟內潛藏在土地裡的邪靈挖出，交由「普唵祖師」、「九天玄女娘娘」、「楊公祖師」收服壓制，確保寺廟的清淨與信眾的安全。每當法師使用完一種器具後，隨即將它丟出廟外，這也意味著煞神的被驅離。

3.收內煞

完成「翻神土」儀式後，法師坐在法鞭與草席上，面對著「收煞」的科儀法場進行經文的唸誦。在唸誦的同時，法師從前方五個碗中拿出數粒白米（代表五方內煞），燒「金古[58]」將米粒收到象徵「法罐」的紅桶子之中，並以一疊金紙與一個紅龜覆蓋洞口，然後進行擲筊，請示「普唵祖師」、「九天玄女娘娘」、「楊公祖師」諸神，各方煞神（內煞）是否已經收服進入「法罐」中，如果沒有得到正面的「允杯」同意，就必須再重複唸誦經文與擲筊。等到「五方內煞」都收服進入「法罐」後，法師會用金紙與法符將紅桶的洞口封起，並收拾祭品，將相關的竹符、煞神、神位等，安置於紙箱內。

4.安龍神、與宮公宮婆

法師將代表「宮龍」的紙糊平面龍型神像，交由廟方人員迎請至廟旁左方空地，隨後敲打法鼓，念誦經文，將「宮龍」就地焚化，象徵廟中的龍神和大地龍脈合為一體，永駐此地，守護本

---

[58] 紙錢一種，長方形黃色紙片，常利用於各種法事之中。

廟。安置好龍神後，法師再把「宮公宮婆」交由廟方人員迎請至廟後偏左位置上。就位後，法師照樣先念誦經文，並交代「二老」進駐廟後要好好打點廟內事務，造福鄉里等等。

（二）送煞

1.送煞出庄

所謂送煞，就是將神煞送出庄外，讓庄眾不再受到干擾。送煞隊伍是由法師帶頭，後面接著是迎請神煞和廟中隨行壓煞神尊的工作人員，最後是由法師助手抓一隻白鴨（取同押之音）殿後，押送到廟東北方（艮方）庄外的空地上。在所有要送走的煞神中，以宮虎最為兇惡，因此需要特別用火鉗夾住押送，以防脫逃；至於為何會將煞神送至廟的東北方呢？筆者認為東北方為艮方，艮為山，送煞至艮方，應有送煞回山，不再為亂人間之意。

2.安竹符與紅桶法罐

將三支書有「普唵祖師」、「九天玄女娘娘」、「楊公祖師」名號的竹符與三個貼有上述諸神符咒的紅桶法罐，安置在地上，紅桶在前，竹符在後。安置工作完成後，法師念咒語請神押煞，諸煞神在「普唵祖師」、「九天玄女娘娘」、「楊公祖師」等三位神明收服壓制下，回歸本位，自此不再危害人間。

3.送煞焚紙

安置好竹符與法罐後，工作人員開始焚燒煞神即金銀紙錢，並將負責殿後押煞的白鴨放生，結束整個送煞儀式。

（三）安鎮與清淨

1.安五方剪刀尺鏡符、桃柳枝八卦鏡符

在驅逐煞神出庄後，廟內已經淨化成為神聖空間，此時必須

開始準備安置五方剪刀尺鏡符、桃柳枝八卦鏡符與護廟竹符，防止邪靈的再度入侵。

五方剪刀尺鏡符的安置是依照五行方位來處理，被貼在廟內的東、南、西、北四方以及中央大門上方，各方符下並貼有五方安鎮符咒，符咒書寫樣式及內容因法派而異；五方剪刀尺鏡符中，除了大門中央符符中的剪刀口是朝上外，以避免傷及出入大門口的信徒，其餘四符的剪刀口均朝下，有剪除諸煞以祈求人丁昌盛之意。

安置好五方剪刀尺鏡符後，法師接著將桃柳枝八卦鏡符懸掛於廟內大門上方，並在廟內正殿上方懸掛鎮殿大符（黃布書符）。此二符一前一後，遙遙相對，共同護衛宮廟，永保廟內祭祀空間之神聖。

2.安五方

安置好上述諸符後，法師會在廟內祭壇上，朝東、西、南、北、中五個方位，宣讀各方的安宮文疏並加以焚化，代表叩謝五方土神厚恩。完成此儀式後，法師開始在廟外的四角與廟前、廟內的中央位置，進行釘竹符。廟外竹符上分別寫著東方－捉府大將、南方－縛府大將、西方－枷府大將、北方－鎖府大將[59]、中央－五雷令五雷神兵神將；廟內中央有二支竹符，一支寫著中營李府元帥，另一支寫著下壇將軍（虎爺）。這些將軍和元帥都是

---

[59] 屬於三十六官將系統中的一組，三十六官將系統分別是李、溫、康、趙、殷、岳、辛、高、鄧、王孫十元帥，張、蕭、劉、連四聖者，必、捉、縛、鎖、枷、拿、移山、倒海、吞精、食鬼十大將，馬加羅、虎加羅、金舍人、唐舍人、五龍官、馬龍官、江仙官、江化官，何、李、紀、勸四仙姑。

用來保衛廟宇，防止五方土煞及神煞的入侵，設置期限為一年。

　　3.安「磚契」

　　法師於正殿神桌下唸誦磚契內文，並在此焚燒金紙，告知天地眾神，此土地已經由陽間的人向陰間的地主－「地基主」（地下土地所有權人）買斷，供神明起蓋廟宇一座，任何陰界邪靈不得再侵擾。傳統安「磚契」的做法，是先將兩面四方紅磚磨平塗上黑墨並以朱砂墨書寫契約，寫法是一行正一行反。寫好的「地契磚」必須埋入內殿神龕下永久保存，如今因為廟內大都沒有預留埋「地契磚」的位置，所以多以紅布或黃布包合起來，交由廟方收存保管或放置於虎爺神龕內。磚契文內容如下：

> 寫地契磚字
>
> 天圓地方，日月齊光，盤古武夷王，有地基乙所，坐落在　縣　鄉鎮　村里　號，東至甲乙木，南至丙丁火，西至庚辛金，北至壬癸水，上至蒼天，下至深泉，四方明白為界，今因陽間宅主○○承買，三面研議，著下時價佛銀壹佰貳拾錠，隨請○○神全張堅固、李定度踏明地基乙所，交付陽間銀主人前去掌管，天啟福基乙座，坐○向○分金，左有青龍護蔭，右有白虎捍穢，前有朱雀除災，後有玄武降福，勾陳騰蛇蔭人丁，來龍進宅，子孫昌盛，萬代富貴，代代子孫永為居業，地基有山神管護，不許外邪深擾，惡煞深堺當驅除趕出外方，若有不尊者，武夷王出頭抵當（擋），不干銀主之事，恐口無憑，合寫宅契磚一付，交付陽間宅主收執在本家土地座下為據。
>
> 天運歲次○年○月○日立宅契磚

根字人：武夷王　　長

知見人：張堅固　　命

中保人：李定度　　富

代書人：毛筆成　　貴[60]

就民間信仰觀念而言，土地不只是人住的地方，土地也是亡靈跟人類的接觸點，人住的土地是從亡靈讓渡給人適合住的場所。而「謝土」儀式中所使用的「磚契」，就是陰陽兩界裡讓渡土地的契約書[61]，藉著「磚契」的製作，人們才能真正擁有土地，使用時，也就不會受到陰界的干擾而招惹災難。

4. 煮油淨廟

藉著火焰所舉行的淨化儀式。做法是由法師在油鍋內倒入麻油，並放上火種，油鍋用倒置的竹椅支撐，下面以煤炭爐火加熱，使鍋內的麻油升溫。滾熱的油鍋由兩個助手以竹子架起抬著，法師口含米酒噴向油鍋，讓火勢瞬間加大，做為清淨的儀式。煮油淨化的儀式在廟內外，尤其各個儀式空間與入口處，都要進行，直到大部分的空間都完成淨化為止，至此整個「謝土」儀式就算是圓滿結束。

傳統民間習俗建物落成的「謝土」儀式中，「地基主」是重要的祭祀對象，人們相信祂是土地在陰間的所有者，陽間的人要使用土地一定要經過祂的同意，或者透過買賣的程序，訂立「磚

---

[60] 佳里集應壇陳應陞法師所提供。本磚契文存於其丁酉年（公元一九五七年）孟冬月手抄本后土真經科法本中。

[61] 植野弘子〈臺灣漢民族の死靈と土地―謝土儀禮と地基主をめぐって〉，頁385，《國立歷史民俗博物館研究報告》第四十一集，日本千葉縣：國立歷史民俗博物館，1992年。

契」購買土地。不過奇怪的是,既然「地基主」是土地的原有者,為何所訂立「磚契」的契約內容,完全看不到「地基主」的字眼,契約上賣地的所有者反而是「盤古武夷王」。難道陰間土地的所有者不是「地基主」,而是另有其「人」;如果說土地所有者是「地基主」,那麼祂的名號又是怎麼樣產生;再者,契約上所書寫的「盤古武夷王」到底是誰,祂與「地基主」又有甚麼關係?以上種種問題讓人心生疑惑,百思不得其解。筆者認為解決之道,惟有從土地的陰陽讓渡書-「磚契」的內容分析解讀著手,釐清「盤古武夷王」與「地基主」在土地中所扮演角色的關係,進而還原出二者最原始的面貌,於此,筆者在下一節中有會有詳細的探討。

　　由上述「營建儀式」及「謝土儀式」有關「地基主」的祭祀行為來看,「地基主」所扮演的角色並不如民間所說的那麼簡單,其在不同的儀式上呈現出不同的信仰性質。如:營建「動土」儀式與「入厝」儀式所祭拜的「地基主」,就帶有「靈魂崇拜」、「自然崇拜」與「庶物崇拜」的性質;建物「下基」儀式或「做基礎」時所祭拜的「地基主」,則帶有「自然崇拜」與「庶物崇拜」的性質;「謝土」儀式中有關「地基主」的祭祀與安「磚契」做法,也帶有「靈魂崇拜」與「自然崇拜」的性質。如此多元而複雜的祭祀儀式,讓「地基主」呈現出不同的面貌,也增添了不少神秘的色彩;這也造成了民間對其祀神性質,產生許多不同的解釋。不過,這些解釋畢竟都是從單一角度來看「地基主」,就祭祀行為所做的闡述,只能當作是民間信仰上的通俗認知,不能因此就下定論,將祂歸類為某種特定性質的崇拜。所以,惟有透過通盤的思考,整合各種相關「地基主」祭祀儀式與民間說法,依照儀式內容來探究源頭,如此方能找出其在民間信仰上所呈現

出的意涵及真正的祭祀本質。

第三節　磚契與「地基主」關係之辨証

一、土地的陰陽讓渡書－「磚契」

　　「磚契」又名「陰陽契」，是一種在建物落成「謝土」的民俗信仰儀式中，向掌管土地的神祇稟告並購買地權的契約文書，其格式、內容和清代臺灣民間通用的土地契約文書大致相同，上面記載著賣地契人、買主、土地來源、面積和地界、地價、土地用途、中人以及不許侵占等語。通常「磚契」是埋置於廟宇、宗祠或屋宅內，主要在於向「陰間」宣告「地主」已經通過合法的買賣程序，享有土地的使用權，任何陰間諸神、鬼都不許隨意侵犯。目前臺灣、澎湖、金門都還保存有埋「磚契」的儀式，其意義雖然一樣，但是做法卻有所差異。以下是筆者就前述三個地區所收集到有關「磚契」文書，所做的說明。

（一）金門地區的磚契

　　金門地區埋「磚契」的習俗，主要見於宗祠、寺廟或住家的奠安慶典儀式中。所謂的「奠安」慶典，就是「祈安慶成」建醮的一種，金門人在新屋落成，或舊宅修葺後，不論是廟宇、宗祠或是一般住家，總不免要擇吉延請道士設醮、點樑奠安、設宴請客，隆重慶賀一番，供物祭祀天神星宿、攘災祈福，以收財、子、秀（福、祿、壽）及押煞、洗淨之宏效，俾使得人丁興旺、子孫

萬代、財源廣茂、富貴連綿[62]。而在儀式中舉行埋「磚契」的用
意，在於告知地下諸靈，此建地已經過合法的買賣程序，移轉現
今地主蓋房子或建廟宇，日後任何「陰靈」不得藉故干擾，而所
埋的「磚契」就像是民間的買賣交易的「契約憑証」，是一種可
供證明的憑據文書。在金門，除了宗祠及寺廟的奠安儀式中，會
有「埋磚契」的習俗外；一般住家的奠安儀式中，在安宅時也會
以磚兩塊書契，合埋於堂平後地下[63]。金門民俗學者楊天厚、林
麗寬在所著作的《金門的民間慶典》一書中，對「埋磚契」的風
俗有詳細的描述：

> 磚契，又名陰陽契。及在兩塊方形磚塊上記載宗祠（或寺
> 廟）的坐向（干支）、四至、吉祥話，由外向內逐行書寫，
> 不論橫、直，每一行一律二十四字，相當有規律，這和回
> 文詩的排列頗有異曲同工之妙。其上還有見證人（境主）、
> 法官（道士或法師）、執事。磚契寫好後，尚須塗上一層
> 桐油，以防脫落。待一切準備就緒後，將兩塊磚契面對面
> 綁在一起，並在道士指引下，適時埋於大廳正中央供桌下
> 方靠牆部位，並填以潔淨細沙，如此儀式就算大功告成。
> [64]

李增德先在《金門宗祠之美》書中也提到：

> 安磚契：此契俗稱「陰陽契」，用兩塊方磚，一塊畫「兩

---

[62] 楊天厚、林麗寬《金門的民間慶典》，頁 48~51，臺原出版社，1993
年。

[63] 同上引文，頁 126。

[64] 同上引文，頁 116~117。

儀八卦」，左右書「白鶴下時飛上天，鯉魚脫出入深淵」，…
另一塊詳載宗祠座向、四至、主事人、吉祥語，字序由外
而內，逐行書寫，不論橫值，均為二十五字，規律奧妙。
[65]

至於所埋「磚契」的內容，我們可以由以下兩則契約文中，獲得
部分的認知：

第一則：西嶽大帝廟磚契內容

太極之初，混元之祖，盤古開天闢地，置立乾坤之儀，有
陰有陽，陰有陰司，陽有有府，陰陽兩路，物各有主，立
陰陽契字人武夷王，有地基一所，住在福建省金門縣浯洲
與十七都，陽田保田墩堺，東至青龍嶺，西至白虎岩，南
至朱雀塔，北至玄武池，上至蒼天，下至冥地，六至界明，
即托牙人李定度共地主張堅固，當壇言議，繳過冥金冥錢
各貳佰錠，買得龍穴一所，付陽間弟子鄉老，蔡文通、蔡
德全、張振華、黃建泰、黃順堂、張家瑞暨合鄉人等，自
承民國七十九年，歲次庚午年，八月初十日動土，延至十
二日立基，建築廟宇一座，前後二進，坐乾向巽兼戍辰，
分金丙戍，丙辰，正針定位，落成竣美，進入西嶽大帝神
位，崇奉流傳，乃蒙伍德宮蘇府千歲指定，擇諏今月十七
連十八至十九日，仗法抵西嶽廟，啟設法壇奠安三朝醮
會，叩畣天地二十四山龍神，永為保護，祈奠安以後，神

---

[65] 李增德《金門宗祠之美》，頁 75~76，財團法人金門縣史蹟維護基金
會，1995 年。其中所描述之磚契不論橫值，均為二十四字，作者所
言二十五字，應是筆誤。

戚永赫，香火長存，蔭益弟子，家家進益，戶戶？全，丁
財兩旺，富貴雙全，神人叶吉，民物阜廩，傳囑四圍八表
等神週知，從今以後，不許邪魔惡曜，翻動鑿害，違者治
罪，今欲有憑，當壇簽立陰陽萬寶契一合磚，堪在神案座
下，永遠存炤。

當	壇	九天玄女
主	壇	伍德宮蘇府千歲
境	主	西嶽大帝
主行執事		陳繼先
牙	人	李定度
證	見	樂仁里
地	主	張堅固
代	書	羊毫筆

民國第二壬申年十一月？日立陰陽契字人武夷山王[66]

第二則：李姓宗祠重建磚契內容

太極之初，混元之祖，盤古開天闢地，置立乾坤之儀，有
陰有陽，陰有陰司，陽有有府，陰陽兩路，物各有主，今
據福建省金門縣浯洲嶼十九都，古湖保古寧頭南山鄉，居
住族老李清泉暨合族人等，承先人仗楊救貧先生就于結龍

---

[66] 楊天厚、林麗寬《金門的民間慶典》，頁112，臺原出版社，1993年。
本文為筆者依照書中圖片內容，逐字抄錄，其中多字因不清楚，無法
辨識，只好以？替代，但不致影響原文意思。

山下定穴，建築家廟一座二進，坐坤向艮兼申寅分金辛未辛丑，正針定位東至青龍山，西至白虎田，南至朱雀塔，北至玄武池，上至蒼天，下至地戶，六至明白，至民國七十三年再興工動土重新建築完成告竣，欲伸安謝喜，逢今歲大利，奉師擇取今月十八十九連二十日大吉，仗道抵祠，啟設靈寶延生慶土奠安三朝醮會，仍托牙人李定度，地主張堅固，即日研議繳過冥金冥銀各參佰錠足，向武夷山王買得龍穴一所，付古寧頭李氏大宗祖先進入居住，永為己業，拜托天地二十四山龍神，保護祠宇永固，蔭益子孫丁才兩旺，富貴雙全，科甲聯發，房份齊全，孫支挺秀，蘭桂騰芳，傳囑四圍八俵轉神週知，從今已後，不許邪魔惡曜，翻動鑿害，違者治罪，今欲有憑，當壇簽立陰陽萬寶契磚一合，埋伏土府座下，永遠存炤。

當	壇	九天玄女
主	壇	謝府王公
關聖帝君		
清府王爺		
知	見	嵩里仁
地	主	張堅固
牙	人	李定度
代	書	楊毫筆
主 行 科		李玉堂[67]

---

[67] 李增德《金門宗祠之美》，頁 76，財團法人金門縣史蹟維護基金會，1995 年。本文為筆者依照書中圖七十五宗祠磚契內容，逐字抄錄。

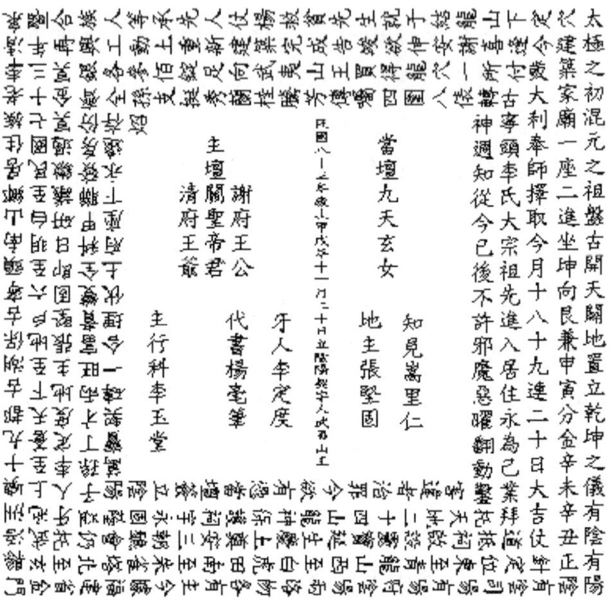

圖 2-1：金門磚契書寫方式

（二）澎湖地區的磚契

澎湖地區埋「磚契」的習俗主要盛行於民戶，尤其以花嶼村民宅中最常見。澎湖縣政府所出版的《認識花嶼》一書中記載：

> 在花嶼上有一項別於澎湖各村莊的建築辟邪物，那就是「地基祖」（筆者案：即地基主）。據村中長老闡述，「地基祖」的主要功能原為使原地主之亡魂，知悉該土地已賣給他人，而書寫之土地移轉契約格式。傳至今日，此物的設立已為單純的保佑子孫、使家居平安。在花嶼幾乎每戶都安有地基祖，它的安置是在每戶落成之時，聘請廟中的法師或乩童，在紅色的紅磚上寫上咒文，安置於客廳正中

央和地板交接處，一半埋入土中，一半露出外面，於過年過節時祭拜之。[68]

這種儀式主要目的，是經由法師在地磚上，一面以紅字，一面以黑字，將土地轉移的過程寫成契約書，安放在在房子大廳正中央供桌下方，靠近牆壁與地板交接的部位，使原業主的亡魂，知道土地已賣給他人，不再作祟[69]。花嶼村民戶百分之九十八在其家中「安地磚」，該村民俗稱安「后土」或「拜地基主」。地磚疏文如下（花嶼村天湖宮法師長劉用先生提供）：

花嶼村民安地磚疏文

立

賣契武夷王盤古（有）地基一所，坐落花嶼村東至甲乙木，南至丙丁火，西至庚辛金，北至壬癸水，中央至戊己土，四至明白，左有青龍安護，右有白虎衛迎，前有朱雀進寶，後有玄武除災，陰佑（？）明土地為中，賣與陽間○○○弟子，〔價？〕金銀四十足（錠？），基地付○○○弟子前去起蓋屋宇一座，坐向東西南北，萬年寶蓋世承，俾風水面發達使地宅改光輝，老少清安，兒孫百世昌盛，茲兒子長養，五穀豐登，屋地土地千金不移。如有上手，來歷有先占等神，武夷王聚（自）當掃遲（除）請明白，不干陽間之事，今欲有憑，

恭　　　對

---

[68] 黃國揚主編《認識花嶼》，頁 118，澎湖縣政府，1997 年。

[69] 黃有興《澎湖的民間信仰》，頁 117，臺原出版社，1992 年。

三壇聖眾座前，結立陰陽契磚一面，付與本家土地坐下，
恒永固為炤。

才　人張堅固
立賣契武夷王
作中人李定度
代　書陽毫筆

天運　　　年　　　月　　　日疏[70]

在澎湖，除了花嶼村幾乎家家戶戶都安置「磚契」外，一般家庭
只有在居家建地不平安的時候，才會透過乩示由法師來進行這項
法事；而一般宮廟在落成安宮時，就比較少見。澎湖近數十年來，
新建廟宇九座，重建廟宇三十六座，僅風櫃里溫王廟及湖西村天
后宮有「安地磚」科儀。相較於民間「安地磚」儀式，廟宇在法
事、科儀的處理上，就顯得比較仔細和繁瑣，不過最重要的，還
是要在正方形壹尺的紅磚上寫上契約書（紅磚二塊，一塊由右向
左書地契，一塊由左向右書地契），寫好後再進行一場科儀，然
後將地磚移在廟內大殿神案下，由水泥匠將紅磚固定好，再用水
泥糊在牆壁上，象徵埋入地下七寸，留三寸於地上。地磚所載文
字及寫法如下（以風櫃里溫王廟為例）：

風櫃里溫王殿建廟安宮安地磚全文
「立賣契字人武夷王盤古地基壹所坐落風櫃里鄉賣與陽間
眾弟子新起蓋靈德溫王殿坐癸向丁兼丑未分金庚子庚午

---

[70] 黃有興、甘村吉《澎湖民間祭典儀式與應用文書》，頁 479~480，澎
湖縣文化局，2003 年。

價金壹佰貳拾錠足東至甲乙木西至庚辛金南至丙丁火北
至壬癸水中央至戊己土五至明白為界不許先佔等神侵犯
武夷王抵擋不甘陽間買主之事恐口無憑立賣契字合磚二
面為照不許車路帳角蔭得眾弟子年年添丁日日進財五穀
豐登六畜興旺漁利大進四時無災八節有慶」

天運歲次辛巳年八月

作中人李定度

賣契人武夷王

知見人張堅固

代書人楊毫筆[71]

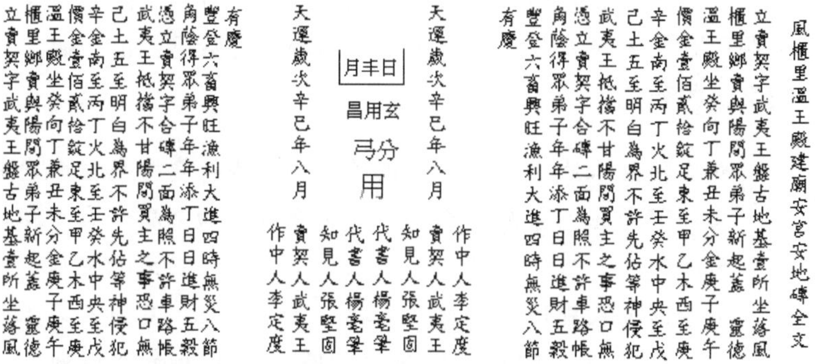

圖 2-2：澎湖風櫃里溫王廟磚契文書寫方式

（三）臺灣地區的磚契

在臺灣，一般民間宗祠或廟宇建築時，也會在神龕下方埋設「磚契」，學者林美容在〈由祭祀圈來看草屯鎮的地方組織〉一

---

[71] 同上引文，頁249~252。

文中提到：

> 通常建廟的時候，法師會寫一份地契磚，用紅布包起來，
> 落成入火的時候，把它放在神龕之下。契書的內容是說該
> 廟之主神某某已向地基主某某購得該地。[72]

臺南縣佳里鎮佳里興震興宮廟內就保存有這樣形制的「地契
磚」，不過它並不是被安置在內殿神龕座下，而是置於正殿頂桌
底下；「磚契」外表為紅色四方形，兩面相貼合呈豎立狀，底下
以紅磚為基座固定，「地契磚」有一半埋於基座內[73]。

　　類似的「磚契」，也在一些廟宇重建時被發現。高雄哨船頭
福德宮（原福德祠）民國六十四年重建時，在神龕坐下挖出磚契
[74]；臺南縣下營鄉北極殿玄天上帝廟民國六十九年拆除舊廟重建
時，在正殿玄天大上帝神座之下，也發現埋有豎磚乙面，磚上書
有契文，內容如下：

> 立陰陽契人武夷王，玄有祖居乙所，座在臺灣島臺南府曾
> 文郡下營庄，東至甲乙木，青龍守護，西至庚辛金，離南
> 至丙丁火，朱雀進寶山，坎北至壬癸水，玄武除災厄，四
> 明今因欠艮費用，托中人土地公引就好地，賣與玄天上帝
> 乙佰貳拾錠，即日全中交訖，將地玄天上帝架造廟宇一
> 座，坐壬向丙，兼亥巳，分金丁亥，丁巳萬年寶蓋，百代
> 相傳，兩而發達庶廟宇光明，老少四時而成，安合昌盛，

[72] 林美容《鄉土史與村庄史－人類學者看地方》，頁 129，臺原出版社，
　　 2000 年。
[73] 筆者於九十二年十一月十六日前往佳里鎮佳里興震興宮田調資料。
[74] 林曙光《打狗歲時記稿》，頁 12，高雄市文獻委員會，1994 年。

挈宇北極殿玄天上帝登座，在地千金，若有來歷不明者，
盤古武夷王抵擋，不干北極殿玄天上帝，有憑立陰陽契乙
面，付帝公座下，恆存永固為炤。

> 為中人：土地公
> 賣契人：武夷王
> 知見人：張道陵
> 代書人：李定度[75]

屏東市永福路聖帝廟（俗稱武廟）重建時，在帝君座下也曾挖出
古磚一方，並刻有碑文如下（依原文呈現，筆者未斷句）：

磚契碑文
武夷王盤古地基一所坐落
福建省臺灣府鳳山縣下淡水港西里阿緱街
眾等虔僃大金一百二十四錠托得牙中前詣
武夷王門下請買地基所來龍坐丙向壬陰山
陽穴東至甲乙木南至丙丁火西至庚辛金
北至壬癸水四至明白起蓋廟宇喜得完
美進廟安座蔭得合境平安老幼康寧
生理利市財源廣進五穀豐丁六畜興旺
四時無災八節有慶因陷石有砂水來路
脊桷沖傷賴神護祐如有來歷不明
武夷王抵當恭對

---

[75] 詳見《下營北極殿玄天上帝廟》，頁16，下營上帝廟管理委員會，2000年。

三寶慈尊　給出磚契一面座下埋存以為照驗

天運庚午年二月

　　　　　　　為買人　李定度　　福
　　　　　　日立磚契　武夷王　　○
　　　　　　　代　書　楊　　　　壽
　　　　　　　知　見　土地　　　全[76]

全省聞名的臺中縣大甲鎮鎮瀾宮媽祖廟內，也珍藏著清末時期的
磚契[77]，其造形是由兩塊四方紅磚合併而成，鑲崁於木造的圓形
底座上，正面紅磚外部畫上太極和先天八卦圖形，圖形上方為符
頭，下方為「罡」字；另一面紅磚則書有契文，內容如下：

　　立合契盤古王有地基一所住在大清福建臺灣北路
　　淡…………（以下文字模糊不能辨識）
　　□□□□□鎮瀾宮一座□□□向□以告竣涓向今月
　　十五連十六十七日仗道就宮修醮慶安龍神安奉
　　天上聖母為合境之保境□灾氛消散祐人物
　　阜康家家獲福戶戶沾恩恐有外□
　　□□□擾盤古王出首抵當（擋）不干眾信之事
　　恐口無憑恭對　三清大道御前
　　給立合契道付存　天上聖母座前
　　為炤

---

[76] 慈鳳宮、聖帝廟簡介。
[77] 洪瑩發先生所提供。

天運壬申年拾壹月　日立合契盤古王

代筆主行法事　陳元建

三清大道證盟

后土尊神洞鑑[78]

圖 2-3：大甲鎮瀾宮磚契正面　　圖 2-4：鎮瀾宮磚契文（洪瑩發提供）

　　不過迄今，臺灣民間一般廟宇在入火安座時，已鮮少看到「埋磚契」的儀式[79]，不知道是甚麼原因？於此，筆者在家鄉臺南縣佳里鎮雷明宮重修入火安座時[80]，就教於負責整個儀式的陳應陞（雲仔）法師。陳法師指出：一般廟宇在安座前一日，一定會先舉行「敬土」科儀，請五方土神土煞等先行退讓，讓廟中主神能夠順利進宮安座；廟方完成入火安座儀式後，也一定會請示神明，擇日進行「謝土」儀式，敬謝后土及諸土神土煞，時間通常

---

[78] 本文為筆者依照圖片內容，逐字抄錄，其中多字因不清楚，無法辨識，只好以□替代。

[79] 筆者觀察過佳里許竹圍仁德宮（921102）、雷明宮（921109）、池安宮（921114）三廟入火安座大典，都沒見過埋磚契儀式。

[80] 筆者家鄉佳里雷明宮因廟內遭祝融而重新修建，民國九十二年十一月九日舉行入火安坐大典，筆者全程參與並加以記錄。

是入火安座後一年內，而在較完整的「謝土」（民間稱為大謝土）儀式過程中，就會有「安地契磚」的儀式。

陳法師接著說：「安地契磚」時，先在兩面四方紅磚上書寫好契約文，然後再以紅布包合起來，交由廟方收存保管。此外，也有人將「磚契」放置在案桌下供奉虎爺的神龕內，或直接放在廟中頂桌之下，不再埋入內殿神龕中，所以現今臺灣廟內很少看到有「埋磚契」的痕跡。

法師主持謝土儀式時所用的法本

臺南縣將軍鄉金興宮磚契封包

「地契磚」上所書寫的契文內容如下（廟、宅通用）：

寫地契磚字

天圓地方，日月齊光，盤古武夷王，有地基乙所，坐落在
縣　鄉鎮村里　號，東至甲乙木，南至丙丁火，西至庚辛
金，北至壬癸水，上至蒼天，下至深泉，四方明白為界，
今因陽間宅主○○承買，三面言議，著下時價佛銀壹佰貳
拾錠，隨請○○神全張堅固、李定度踏明地基乙所，交付
陽間銀主人前去掌管，天啟福基乙座，坐○向○分金，左
有青龍護蔭，右有白虎捍穢，前有朱雀除災，後有玄武降
福，勾陳騰蛇蔭人丁，來龍進宅，子孫昌盛，萬代富貴，
代代子孫永為居業，地基有山神管護，不許外邪深擾，惡
煞深堺當驅除趕出外方，若有不尊者，武夷王出頭抵當
（擋），不干銀主之事，恐口無憑，合寫宅契磚一付，交
付陽間宅主收執在本家土地座下為據。

天運歲次○年○月○日立宅契磚

根字人：武夷王　長

知見人：張堅固　命

中保人：李定度　富

代書人：毛筆成　貴

東王公作証見

[81]

西王母座証盟

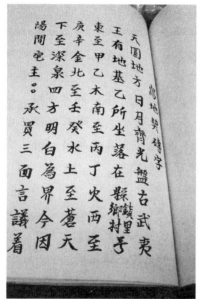

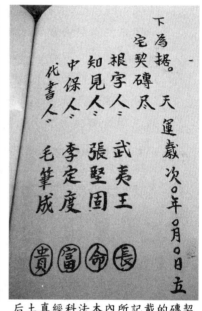

后土真經科法本內所記載的磚契
文頭

后土真經科法本內所記載的磚契
文尾

關於陳法師所說明，在「謝土」儀式中來安置「磚契」，這樣的

佳里集應壇陳應陞（雲仔）法師所提供。本磚契文存於其丁酉年（公
元一九五七年）孟冬月手抄本后土真經科法本中。

做法在日本學者植野弘子所發表的〈臺灣漢民族の死靈と土地－謝土儀禮と地基主をめぐつて〉文章中，有詳細說明。

在房子或廟宇的大規模落成儀式中，「地契」磚被製作使用。這是橫跨陰陽兩界讓渡土地的契約書[82]。

〈地契磚〉是〈地基主〉和人之間的土地契書。…姑媽宮的地契磚是法師參照『謝土安宅經』寫下的。經文如下：（原文沒有空格）

日立賣根磚契人盤古武夷王有地基一所　坐落臺灣省△△市△△里東至甲乙木　西至庚辛金　南至丙丁火　北至壬癸水　四至明白為界　今托中引就陽間弟子△△承買　三面研議著下時價佛銀壹佰貳拾兩隨即請△△神全張堅固李定度全踏出地基一所　交付銀主人前去掌管居住　起蓋大厝一造坐△向△分金△△　左有青龍護蔭右有白虎捍穢　前有朱雀除災　後有玄武降福　勾陳騰蛇蔭　人丁來龍進宅　子孫興旺　萬代富貴　五股豐登六畜興旺　四時無災　八節有慶　地基有山神土地管顧不許外方邪魔侵擾　惡煞侵界　當驅除趕出外方　若有不明　武夷王出頭抵當　不干銀主之事　恐口無憑　今欲有憑五合寫地契磚一面　付執觀音土地案桌下為照即日全中人與神明修過地契磚面　銀壹百貳拾兩　完足

---

[82] 植野弘子〈臺灣漢民族の死靈と土地－謝土儀禮と地基主をめぐつて〉，頁 378，《國立歷史民俗博物館研究報告》第四十一集，日本千葉縣：國立歷史民俗博物館，1992 年。

再照

知見神　李定度

主壇神　張堅固

天運民國△△年△月△日　　　地契專賣根字人武夷王

代書人　毛筆成

地契磚會依照落成的房舍情形修改這篇經文。內容如下

　　立賣根磚契人盤古武夷王有地基一所　坐落臺灣省臺南縣佳榕林　四至明白為界　今托中引就陽間弟子姑媽宮信徒承買　三面研議著下時價佛銀壹佰貳拾兩　隨即請姑媽宮神明仝張堅固李定度仝踏出地基一所　交付銀主人前去掌管居住　起蓋大厝一造坐南向　左有青龍護蔭　右有白虎捍穢　前有朱雀除災　後有玄武降福　勾陳騰蛇蔭　人丁來龍進宅　子孫興旺　萬代富貴五股豐登　六畜興旺　四時無災　八節有慶　地基有山神土地管顧　不許外方邪魔侵擾　惡煞侵界　當驅除趕出外方　若有不明　武夷王出頭抵當　不干銀主之事　恐口無憑　今欲有憑五合地契磚一面　付執觀音土地案棹下為照

知見神　李定度

主壇神　張堅固

天運民國癸亥年拾月八日　　　地契專賣根字人武夷王

　　　　　　　　　　　　　　　代書人　毛筆成[83]

民國九十二（2003）年元月八日（歲次壬午年十二月初六日），
高雄市左營區尾北里洲仔清水宮重建完成後所舉行的慶成祈安
大典，在敬謝土神的儀式中就有「安磚契」的法事。整個儀式是
由高雄縣大社鄉正一道院洪瑞賢道長所主持，所安的「磚契」是
在兩面四方黑磚上，以硃砂墨書寫契約文，其內容如下（依磚契
原文呈現，未斷句）：

　　武夷王盤古地基壹所　坐落高雄市左營區尾北里洲仔
　　東至甲乙木南至丙丁火西至庚辛金北至壬癸水
　　左有青龍守護右有白虎衛迎前有朱雀進寶
　　後有玄武除災應偹義（議）金佰貳錠今土地
　　為中賣與眾信士架造廟宮一座坐巽向
　　乾兼戌辰戌戌分金萬年寶蓋世代相傳俾風
　　水而發達使廟宮以光明老少四時以咸安兒
　　孫百世而昌盛農牧長養五穀豐登宮坐
　　在地千金不移如有上手來歷不明武夷王抵當（擋）
　　不干弟子之事今欲有憑代立陰陽契磚二
　　面一付土地坐下恆存永固為炤者

　　　　　　　　　　　　　中人　土地公　　功
　　　　　　　　　　　　　代書　楊毫筆　　德
　　　　九十一　　　　　　立契磚人　武夷王　陰
　　天運壬午年十二月吉日　　　　牙人　張堅固　隊[84]

---

[83] 同上引文，頁393。

圖 2-5：左營洲仔清水宮磚契　圖 2-6：清水宮磚契封包（李橙安提供）

同年（2003）十一月二十六日，臺南縣佳里鎮佳里興國家三級古
蹟震興宮因整修完成，舉辦「癸未年護國慶成祈安五朝清醮」，
入醮前即先舉行慶成慶土法事，醮典部份是由陳榮盛道長所主
持，謝土法事部分則由三壇法師蘇趁及其子黃漢鉉法師所負責。
筆者有幸獲得震興宮方面許可，全程記錄謝土儀式的過程，並就
教於三壇法師蘇趁先生有關「磚契」的問題。蘇趁法師告訴筆者，
一般新建廟宇在神明入火安座後會擇日進行謝土儀式，儀式中就
會有安「磚契」的法事，做法是先將兩面四方紅磚磨平塗上黑墨
並以朱砂墨書寫契約，寫法是一行正一行反。蘇趁法師說：「只
要他主持過的廟宇謝土儀式，都會有這項儀式，如學甲鎮慶安
宮、臺南市北安路布袋里代府、將軍鄉五佛殿、廣安宮等都曾安
置過，有的就此保留下來，有的在安置好一年後就毀掉收起，而
在其五十二年法師生涯中，以震興宮廟中的「磚契」保存最好，
這是他在民國五十四年（1965）震興宮重修後謝土所安置，一直
留存迄今。」

---

[84] 感謝網友李橙安先生提供。

　　至於此次震興宮整修後所舉行的謝土儀式，因之前就已經安置「磚契」，所以不必再重新處理，蘇趁法師改以焚化磚契文疏的方式替代，契約文內容如下：

　　　　宮契磚

天圓地方，日月齊光，盤古武夷王有宮地，重修在（再）次，坐落中華民國臺灣省臺南縣佳里鎮佳里興禮化里三二五號吉住，上至蒼天，下至深泉，左青龍，右白虎，前朱雀，後玄武，東至甲乙木，南至丙丁火，西至庚辛金，北至壬癸水，四方明白為界，今因宮主預儲金一佰二拾錠，拜託中保人隨即踏明界止，付用開陽間廟宮住，大啟福基一座，未龍坐子向午兼癸丁吉度，坐庚子向庚午分金，前至掌營建築吉宮，震興宮列位尊神為住永久穴，香火旺盛護民安，他神無干，此係二此甘願，各無友（有）悔吉生事端掛事，若不尊者，武夷王抵當（擋），不干宮主之事，今欲有憑，合寫宮契磚一付，交開震興宮收執在本宮土地座下為據。

天運歲次癸未年十一月初三立

　　　　　　　　宮契磚字人　武夷王　　　「貴」
　　　　　　　　知見人　土治（地）公　　「命」
　　　　　　　　為中人　李定度　　　　　「長」
　　　　　　　　代出人　楊龍貴　　　　　「富」[85]

---

[85] 筆者於民國九十二年十一月二十六日，參加臺南縣佳里鎮佳里興國家三級古蹟震興宮所舉辦「癸未年護國慶成祈安五朝清醮」，在慶成慶

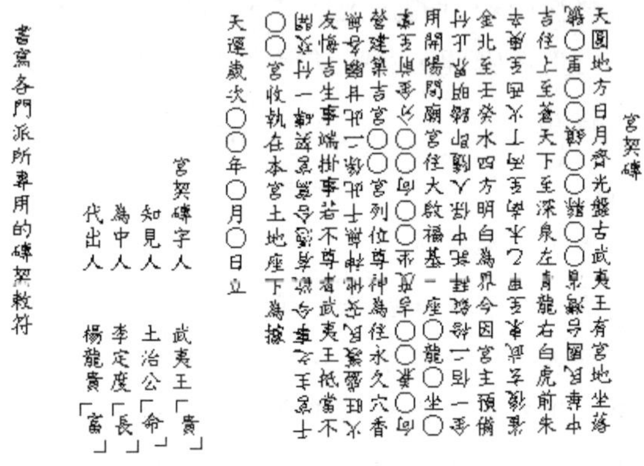

圖 2-7：臺灣地區民間磚契書寫方式

此外，筆者問及一般住屋是否會有安「磚契」的儀式。蘇趁法師回答說：「以前古早建築五、七間大厝身，兼雙邊伸手，建築完成時所舉行的謝土儀式，也會安磚契，內容格式與廟宇所用的差不多，不過現在因為大家都住西式洋樓，已經不用再做這種法事，一般住戶只需要在入厝時簡單拜一拜地基主及門口就可以」。

關於蘇趁法師所言，一般建大厝身的住戶，在落成謝土時也會安「磚契」，此項資料甚少發現，筆者在范勝雄所著的《認識安平：大員采風錄》一書中曾見過，書上所記載的「磚契」是在臺南安平陳宅家中所發現：

> 陳宅（效忠街 46 號）位於廣濟宮前廟埕左旁，傳統閩南式三合院格局，座北朝南。存有民國三十七年（1948）屋主陳明慶購自吳老方手中，由文龍殿邢府千歲見證的買賣契約『合磚』兩塊，一塊黑筆寫明標地物坐落位置、規模、

土法事中訪問主事者蘇趁法師所得，契約文也是蘇法師所提供。

佔地範圍、成交價錢、買賣雙方人名地址及畫押，一塊則
無；甚具價值[86]。

「磚契」內容詳細如下（依磚契原文呈現，未斷句）：

> 立賣契字
> 立賣契人臺灣省臺南市安平區文朱里
> 延平一〇四巷二十一號吳老方有古屋地一所
> 賣與陳明慶□□價銀戊子年
> 六月二十□日□□□陸仟元正貫中
> 交訖其他付買主掌管陳明慶新
> 蓋房屋一所四房一廳春手二間坐北向南
> 左手廣濟宮大庭右手□天送前面小路後面魏□
> 賣主臺灣省臺南市安平區文朱里延平一〇四巷二十一號
> 　　　賣主　吳老方　指模
> 買主臺灣省臺南市安平區效中里四六號
> 　　　買主　陳明慶　指模
> 中人文龍殿邢府千歲[87]

此外，在臺南縣麻豆鎮林家古厝三房與八房（麻豆三民路五十
號、仁愛路二十九巷二號）的祖厝大廳神桌下（靠近牆壁與地板
交接的部位），還保存著鑲崁完好的「磚契」[88]。由於「磚契」

---

[86] 范勝雄《認識安平：大員采風錄》，頁65，臺南市文化資產保護協會，2003年。

[87] 同上，本文為筆者依照書中圖片內容，逐字抄錄，其中多字因不清楚，無法辨識，只好以□替代，但不致影響原文意思。

[88] 民國九十三年五月十五日筆者田調所得資料。

還緊緊的埋在地磚內，無法得知磚上所書寫的內容，所以不能和安平陳宅家中的磚契文相比較；也因為如此，筆者無法就這個單一資料，來判斷臺灣傳統大厝中所安置的「磚契」書寫格式，是否都和安平陳宅一樣？唯一能確定的是，臺灣早期傳統大厝也曾經有過這樣的安置習俗。

二、「磚契」與地基主的關係

從臺灣、澎湖、金門三地廟宇、宗祠、家宅「埋磚契」的習俗來研判，筆者認為下列三點問題值得去思索討論：

(1)臺灣、澎湖、金門「埋磚契」（安地磚）的習俗是怎樣產生的？

(2)「磚契」中所書寫的契文所表達的意函為何？

(3)「磚契」的安置與「地基主」有甚麼關係？

（一）臺灣、澎湖、金門「埋磚契」（安地磚）的習俗是怎樣產生的？

臺灣、澎湖、金門三地所發現「磚契」的形制和內容，與大陸福建民間陽宅奠基時，使用的「磚契」大同小異，陳進國〈安鎮符咒的利用與風水信仰的輻射－以福建為中心的探討〉一文中談論到：

> 如同安縣馬巷洪厝及鄰近鄉村鄉民，建陽宅奠基時上使用一種磚契（又叫陰陽契），磚契上面畫後天八卦符圖，磚面上則書寫陰陽契文。陰陽契的形式與傳統墓地所用買地券略近，很可能是從買地券發展而來的。試引之如下：
>
> > 立陰陽契字人武夷王有地基一所，坐落xx兼xx，東至

青龍，西至白虎，南至朱雀，北至元武，上至蒼天，下至
黃泉土，四至明白。今因缺金銀費用，托中人引就于陽間
×××，盡賣出黃金一佰貳拾錠，即日全中收托，地基付銀
主陽間人×××起蓋屋宇，坐×向×，兼×分金，尾×××，鹹告
竣進入居住，永爲己宅。其屋萬年不朽，

子孫富貴，科甲聯登，丁財日進。恐口無憑，歲次××年××
月××日設醮安謝土符，立契阪二磚爲記。其地基系是武夷
王掌管，於別神無干，埋在土符座下爲炤。

立陰陽契人武夷王

爲中人土地公

作證人張堅固

見證人李定度

知見人東王公

代筆人兔毛筆

歲次年月日[89]

---

[89]　陳進國〈安鎮符咒的利用與風水信仰的輻射—以福建為中心的探討〉，頁111，《世界宗教研究》第四期，2002年。

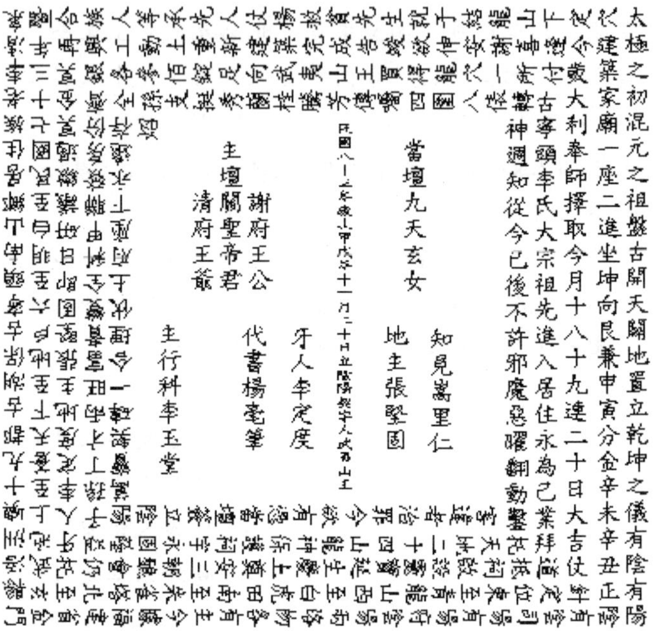

太極之初混元之祖古開天闢地置立乾坤之儀有陰有陽……建築家廟一座二進坐坤向艮兼申寅分金辛未辛丑正針……今奉師擇取今月十八十九連二十日大吉伏……古李氏大宗祖先進入居住永為己業拜……以後不許邪魔惡暖翻動……一一怪神週知從今已……

當壇九天玄女

謝府王公

主壇關聖帝君

清府王爺

地主張堅固

知見萬里仁

牙人李定度

代書楊毫筆

主行科李玉堂

民國八十七年歲次戊戌十二月二十四日陰契人戊戌山上

圖 2-8：大陸福建同安縣馬巷洪厝的磚契文書寫方式和金門一樣

臺灣、澎湖、金門，在地理位置上與福建相當接近，是大陸東南沿海居民最佳遷徙移墾的地方，尤其是金門，遠在晉代五胡亂華時期，就有先民播遷於此居住。林焜熿在《金門志》書中引《浯洲聞見錄》記載：

> 金門，舊名浯洲，又名仙洲；明初，改今名（「紫峰文集」作吳洲）。晉，中原多故，難民逃居者六姓（蘇、陳、吳、蔡、呂、顏）。唐為萬安牧馬監地；德宗貞元十九年閩觀察使柳冕奏置。從牧馬監陳淵來者十二姓（蔡、許、翁、李、張、黃、王、呂、劉、洪、林、蕭）。王審知在閩編泉屬邑，凡山川海島不科征稅。宋太平興國三年，島居者

始輸納戶鈔。熙豐間，始立都圖。都有四，其統圖九，為
翔風里，並統於綏德鄉。嘉定十年，真德秀知泉州府，巡
海濱、屯要害，嘗經略料羅戰船。咸淳間，復稅弓丈量田
畝，給養馬。元始建場征鹽。至正六年，置管勾司。至大
二年，改為司令司。洪武元年，改為踏石司，旋改為鹽課
司。二十年，置金門守禦千戶所及峰上、官澳、田浦、陳
坑四巡檢司。[90]

金門歷經唐、宋兩朝官民的開發，成為新興之地，居民主要是以
泉州、漳州移民為主，因舊時行政區域隸屬於泉州府同安縣所
轄，因此各方關係密切，整個島上的建築型態與風土民情深受
閩、廈的影響[91]。

澎湖開發於隋朝，元朝時正式設官治理，康熙二十二年收入
清朝版圖。林豪在《澎湖廳志》卷二〈規制‧建置沿革〉記載：

隋大業中，遣虎賁陳稜略地至澎湖。元末置巡司，屬同安
縣兼轄。明洪武五年墟其地，遷其民於泉、漳間。嘉靖四
十二年，設巡檢司，旋罷。明末海寇、外寇屢為巢穴。
國初，鄭成功踞臺灣，設安撫司於澎湖，以重兵守之。康
熙二十二年，我靖海將軍施琅統舟師克澎湖；守將劉國軒
遁歸臺灣，勸鄭克塽納土歸附（詳見「紀兵」），臺澎皆
平，乃收入版圖。[92]

澎湖居民主要以漳、泉兩洲為主，杜臻、周于仁、胡格、林謙光

---

[90] 林焜熿《金門志》，卷二〈分域略‧沿革〉，頁5~6。

[91] 同上引文，頁387。

[92] 林豪《澎湖廳志》，卷二〈規制‧建置沿革〉，頁 51~52。

在《澎湖臺灣紀略》臺灣紀略（附澎湖）中描述：

> 澎湖，舊屬同安縣。明季，因地居海中，人民散處，催科
> 所不能及，乃議棄之。後內地苦徭役，往往逃于其中；而
> 同安、漳州之民為最多。[93]

明末清初，也有部分的金門人因島上生活不易，輾轉遷徙來此定
居。林豪的《澎湖廳志》卷九〈風俗・歲時〉就談到：

> 按澎人多籍金門，亦有從同安、禾山、漳州來者，故其歲
> 時伏臘大致略同。[94]

澎湖目前於住家落成時，還保留「安地磚」習俗的花嶼村，根據
地方耆老所言，島上居民大都來自金門遷移而來，已經有二百多
年的歷史[95]。

臺灣和金門、澎湖一樣，居民早期也是來自於漳、泉兩地，
此後亦有內地各處移民進入。清初黃叔璥在《臺海使槎錄》書中
引《諸羅雜識》云：

> 臺地民非土著，逋逃之淵藪，五方所雜處。泉之人行乎泉，
> 漳之人行乎漳，江、浙、兩粵之人行乎江、浙、兩粵，未
> 盡同風而異俗。[96]

---

[93] 杜臻、周于仁、胡格、林謙光《澎湖臺灣紀略》，臺灣紀略（附澎湖
），頁64。

[94] 林豪《澎湖廳志》，卷九〈風俗・歲時〉，頁318。

[95] 黃國揚主編《認識花嶼》，頁91，澎湖縣政府，1997年。

[96] 黃叔璥《臺海使槎錄》，卷二〈赤嵌筆談〉習俗，頁38。

陳文達於《鳳山縣志》卷之七〈風土志〉亦說明：

> 郡古荒遠地，所聚廬托處者，非有祖貽孫承世其家業也；
> 大抵漳、泉之人來居之。此外，或自福興而至，或自惠、
> 潮而來。雖各循土風，而大端亦不甚遠焉。[97]

當然，和澎湖的移民過程一樣，也有部分金門人利用海運的便捷，相繼來臺開墾定居，現今在安平、鹿港、艋舺等地所留存的「金門館」及蘇府王爺信仰，就是最好的見證。

　　從上述臺灣、澎湖、金門等地移民開發的軌跡來看，金門因舊時隸屬於泉州同安縣所轄，居民大都以同安人為主，生活習俗上自然而然會保有母體文化的基質，因此在家廟、宗祠或住宅舉行奠安儀式時，能看到與原鄉相同的「埋磚契」習俗，是一件很正常的事。而這項傳統習俗在明末清初的海外移民浪潮中，又隨著金門人、同安人的外遷，被移植入澎湖及臺灣，並運用在實際的生活中，目前我們在臺、澎各地所見到的「磚契」，應該就是這樣衍生而來的。所不同的是，隨著時間、空間的轉換以及人為傳承的疏漏，「磚契」的形制和書寫的方式、內容，或多或少會有所差異，但是其原始的目的和意義是一樣的。

　　就目前臺灣、澎湖、金門三地「埋磚契」習俗而言，金門與澎湖花嶼村因為兀立海隅，地理位置特殊，生活習俗上較少受到外來文化的衝擊和破壞，兩地至今還持續保有「埋磚契」儀式，形成一種地方文化特色。相較之下，澎湖本島及其它附屬小島就少有這項儀式，除非有特殊原因或神明指示才會辦理[98]。至於臺

---

[97] 陳文達《鳳山縣志》，卷之七〈風土志〉漢俗，頁79。
[98] 黃有興《澎湖的民間信仰》，頁117，臺原出版社，1992年。黃有興、

灣地區，由於西式洋房取代了一般傳統建築，成為住宅的主流，
居民在搬家入厝時，也沒有「安磚契」的習俗，只是簡單的祭拜
一番；而新建廟宇的「地契磚」也由安置廟中改為廟方收存保管，
甚至省略不處理，因此現今幾乎看不到這項儀式的舉行，自然而
然廟內也見不到「磚契」的蹤跡。

（二）「磚契」中所書寫的契文所表達的意函為何？

　　「磚契」依照內容形式，與傳統墓地所用「買地券」略近，
很可能是從「買地券」發展而來的[99]。大陸學者陳進國在〈福建
買地券與武夷君信仰〉一文中，對「買地券」的形制有詳細的介
紹：

> 「買地券」之俗源於西漢，盛於東漢，至唐宋已流傳至全
> 國各地。這是一種在喪葬活動中向土地神稟告和購買地權
> 的契約文書，其內容常包括買地日期、買地或享用墓地的
> 主人、土地面積和地界、地價、證人以及不許侵占等語。
> 券文一般刻寫或筆寫於磚、鐵、鉛板、石板等物品上，置
> 於墓中，以作為死者在「陰間」享有土地的憑據，以期為
> 死者及其家人回死注生，消災解厄。[100]

另一位大陸學者黃景春在〈地下神仙張堅固、李定度考述〉一文

甘村吉《澎湖民間祭典儀式與應用文書》，頁 479~480，澎湖縣文化
局，2003 年。

[99] 陳進國〈安鎮符咒的利用與風水信仰的輻射—以福建為中心的探
討〉，頁 111，《世界宗教研究》第四期，2002 年。

[100] 陳進國〈福建買地券與武夷君信仰〉，頁 101，《臺灣宗教研究通訊》
第三期，2002 年。

中，對「買地券」也有這樣的說明：

> 我國從東漢有買地券，為死者買地下陰宅，供死者安居樂
> 業，不要思念陽間親人，返回陽家，作祟生者。買地券中
> 不僅規定陰宅四域界址，買賣價格，還照知地下各級官
> 吏，此地已歸死者所有，其他精怪邪魅不得干犯，若有犯
> 者，地下吏綁縛河伯治罪。[101]

傳統的民間信仰受到太極陰、陽兩儀觀念的影響，認為任何事物
都有陰與陽的存在，以人來說：人存活的世界稱為陽間，死後的
世界稱為陰間；以行政機關來說：陽間的機關稱為陽府，陰間的
機關就稱為陰司；在「陰有陰司，陽有陽府」這樣的觀念認知下，
相對的土地也產生了陰陽兩面的所有權者。換句話說，一塊土地
除了在陽世間有「人」的所有權外，在陰間還有另外一個所有者，
因此，用來當作墓地使用的土地，不僅要向「陽世間」的土地所
有權者交易買賣外，更要向「陰間」的土地所有權者再交易一次，
惟有在陰、陽兩界都取得使用的合法權後，居住在墓地的亡者才
能安居樂業，不會受到外力干擾而作祟親人。相同的情形下，民
間宮、廟、祠堂及宅第會安置「磚契」的目的也和「買地券」一
樣，用意都是在取得土地在陰間的合法使用權，如此一來，居住
在宮、廟、祠堂及家宅的神明或祖先便能合法的行使主權，不讓
陰界任何來歷不明者及兇神惡煞入侵，確保陽間相關人員的安全
與福祉。

　　「磚契」何時由「買地券」發展出來，目前還沒有人考證出，

---

[101] 黃景春〈地下神仙張堅固、李定度考述〉，頁 46，《世界宗教研究》
第一期，2003 年。

不過可以確定的是磚契文內容大致和「買地券」券文相似，也標明了買地日期、買地或享用廟地、宅地的主人、土地面積和地界、地價、證人以及不許侵占等用語。這些主要內容在大陸、金門、澎湖、臺灣等地，所發現到的「磚契」中都有詳實的記載，不過有些契文內容會有遣詞用句的增減，可能是因為地方差異或派門不同的係，但是不致於影響全文的意思。

整篇「磚契」文可以分為下列幾個部分，今說明如後：

1.起頭首段標明土地所有權者及土地坐落位置

與明、清時代民間土地的買賣或租賃契約書寫格式一樣，大陸、金門、澎湖、臺灣的「磚契」文起頭首段大都會先標明土地所有權者及土地坐落位置。當然，也有在這段起頭文中加上一些贅詞（如：天圓地方，日月齊光或太極之初，混元之祖，盤古開天闢地……等等），但是大致上不會影響所表達的意思。

2.標明土地界址、地價及宅第、宮、廟坐向

和民間一般土地買賣契約一樣，「磚契」也需要標明土地界址，所不同的是民間土地契約界址非常清楚，而「磚契」中土地的界址，卻是以東（甲乙木）、西（庚辛金）、南（丙丁火）、北（壬癸水）等方位，配合青龍、白虎、玄武、朱雀，四方四神獸（四靈）名稱來標示，是一種大而化之的模糊地域概念。青龍、白虎、玄武、朱雀四方位置的風水模式是由二十八星宿所轉化出來的，緯書《尚書考靈曜》稱：東方角、亢、氐、房、心、尾、箕七宿，其形如龍，曰左青龍。南方井、鬼、柳、星、張、翼、軫七宿，其形如鶉鳥，曰前朱雀。西方奎、婁、胃、昴、畢、觜、參七宿，其形如虎，曰右白虎。北方斗、牛、女、虛、危、室、壁七宿，其形如龜蛇，曰後玄武」。這也就是說，將東方七宿聯綴起來，繪成龍的形狀，稱為「蒼龍」（青龍）：將南方七宿聯

綴起來，繪成鳥的形狀，稱為「朱雀」；將西方七宿聯綴起來，繪成虎的形狀，稱為「白虎」將北方七宿聯綴起來，繪成龜蛇合體的形狀，稱為「玄武」[102]。「四靈」作為方位，在《禮記‧曲禮》中亦有記載：

> 行前朱鳥而後玄武，左青龍而右白虎。[103]

這種東青龍、西白虎、北玄武、南朱雀的四方四靈概念，被風水學吸收，成為典型的方位觀，並且被冠予了地形條件的意思，即東邊有河的話，就是青龍；南邊有池的話就是朱雀；西邊有道路的話就是白虎；北邊有山的話就是玄武。能達到這樣條件的地形，被認為是理想的「四神相應之地」[104]。然而，在現實的生活中並非每塊土地都能達「四神相應之地」，因此「磚契」上所記載的四神方位，並不是真的在土地四方有四種不同的地形景觀，根本不必要去探討地契上所說的：東、西、南、北的界址倒底在哪裡，會以四方四神獸名稱來標示方位，純粹是為了符合風水學上良地吉穴所應有的基本要求，即左（東）青龍、右（西）白虎、前（南）朱雀、後（北）玄武，四方位有了上述條件，起蓋任何宅第、廟宇，都能奠基萬年，福澤後世。

另外，有些「磚契」在方位界址的書寫上，還會再增添「上至蒼天，下至黃泉地（土）」的天、地方位名稱，超越原有的四

---

[102] 艾定增《風水鈞沉－中國建築人類學發源》，頁25~26，田園城市文化，1998年。

[103] 楊家駱主編《禮記集說》，頁13，世界書局，1974年。

[104] 渡邊欣雄著，索秋勁譯《風水‧氣的景觀地理學》，頁41~42，地景，2000年。

方結界空間，而形成包含天、地的六方界址。

再者關於土地價格方面，契約中所明訂的交易價錢有的書寫
金壹佰貳拾錠，也有參佰錠、肆拾錠不等，其中以壹佰貳拾錠價
錢者居多，筆者推想會定價錢為壹佰貳拾錠，大有源自於一年十
二個月，取十二為吉祥數之意。而書寫這些契約金額，並不是真
的要將金子交給地主，其目的應該是明示出土地已經過合法的買
賣程序，土地所有權的取得有憑有據，任何人都不得有異議。

至於標明宅第、宮、廟坐向位置，主要是受到風水之說的影
響，彰顯建物是經過仔細丈量而坐落在良方、吉位、龍脈寶穴上，
能蔭得後世子孫或境內善信飛黃騰達、丁財兩旺。這種堪輿風水
之說，本來就深受民間百姓所篤信，除了在建築宅第上需要風水
先生鑑定外，亡者長眠的墓地風水更是重要，深怕萬一葬在不好
的地方或墳墓坐落的方位不對，非但不能福佑陽世子孫，還會帶
來無窮後患，這種觀念充分反映了風水之說對常民社會的深刻影
響。

「磚契」中土地界址、地價及宅第、宮、廟坐向的書寫先後
位置，並非是一層不變的。有的契約文中會先標明界址，再書寫
地價及所建築的建物坐向；也有先寫明所建築的建物坐向及地
價，然後再標明界址。界址、地價及坐向書寫次序的顛倒對整張
「磚契」來說並沒有任何的影響，這種次序上的不同應該也是受
到地方差異或派門不同所導致的吧。

3.交代清楚土地來源，並註明日後土地若有問題交由賣方處
理，不干買方之事

民間的土地買賣契約，會說明土地的來源，並明示土地產權
等絕對清楚，日後若是因土地問題而產生糾紛，賣主也會出面處
理，買主不必負擔任何責任或費用。這種說明在「磚契」中也有，

只不過所產生的問題是屬於陰界外靈的干擾，意思就是說，若是日後陽間的住戶或廟宇神明，因土地來源問題而產生糾紛或受到來歷不明的凶神惡煞干擾侵占，買主不需出面承擔，賣方地主自會出來解決，為買方排除一切不法的干擾。

4.「磚契」文契尾標明賣契人及相關證人

整篇「磚契」文的契尾，如同民間土地買賣契約一樣，除了有賣契人（賣方）畫押簽名外，也會有「中人」、「證人」、「代書人」等人員會同簽字。所不同的是，這些人員都不是存活在現實社會中的「真人」，而是一些神祇的名號，如土地公、東王公、西王母、張道陵、李定度、張堅固、毛筆成、兔毛筆、羊毫筆等，通常這些神仙中除了毛筆成、兔毛筆、羊毫筆多為專職的代書人（代筆人）外，其餘者都可以相互替代並擔任這些職務。

這些在「磚契」契約文內擔任「中人」、「證人」、「代書人」等工作的專職神仙中，毛筆成、兔毛筆、羊毫筆是「以物代人」的虛構人名；土地公、東王公、西王母、張道陵等神仙，則是為世人比較耳熟能詳的，因此請祂們擔任「中人」或「見證人」（公見人）必定有相當的公信力，自能取信於買賣雙方；相較之下，張堅固、李定度兩位神仙對大家來說就顯得生疏不少，有些人甚至連聽都沒有聽過，更談不上對祂們的瞭解。

「磚契」中張堅固、李定度二位神仙名號，最早見於南朝劉宋元嘉十九年（442）廣東興始出土「買地券」中，券文末尾曰：

> 此塚地分界時有張堅固、李定度，沽酒各半，共為券剙。
> [105]

---

[105] 廖晉雄〈廣東興始發現南朝買地券〉，頁566~567，《考古》第六期，

買地券中，張、李兩位神仙所充任的角色常為「時知」（有時寫作「知見」或「見人」），及土地買賣成交的見證人，有時候也充當保人。這兩位專職的神仙從來沒有在別的場合出現過，是因應塚墓之需要，為了護衛墓主亡魂所產生的專職神仙[106]。張、李二姓在中國百家姓中，可說是較常見的姓氏，以此為姓並沒有特殊的用意，至於為甚麼要取名為堅固、或定度，我們可以從字義上來分析祂們背後所包含的意義。

「堅固」，意思解釋為固結不易破碎[107]。這個名詞用在土地買賣上，有雙方在交易完成後固若金石，不得反悔的涵義。發生在陰間的「交易」如果反悔了，亡人塚宅不安，必然反過來牽累生者遭殃。所以從早期買地券就有證人、保人，確保買賣雙方不得反悔[108]。

「定度」，「定」字有不可變更的意思[109]。「度」字測量長短的器具[110]。所以，「定度」就是確定丈量土地的標準，代表著所交易的土地度量準確，不會有絲毫的誤差，也沒有詐欺的行為，一切合法、公平、公正。基於上述字義，證人或保人使用「張堅固」、「李定度」這樣的名字，都是強調土地買賣的合法性和可信性，讓死者確信塚墓是自己買來的，是自己合法的家宅，在

1989年。

[106] 黃景春〈地下神仙張堅固、李定度考述〉，頁48，《世界宗教研究》第一期，2003年。

[107] 張嘉文主編《辭海》，頁184，鐘文出版社，1996年。

[108] 黃景春〈地下神仙張堅固、李定度考述〉，頁53，《世界宗教研究》第一期，2003年。

[109] 張嘉文主編《辭海》，頁244，鐘文出版社，1996年。

[110] 張嘉文主編《辭海》，頁302，鐘文出版社，1996年。

這裡可以安居樂業，因而也就不需要再返回陽間陽家，導致恐嚇、復連親屬，作祟生人了。由此可知，張、李兩位神仙是為了確信土地買賣的合法化與可信性，所特定創造出來的專職人員，也就是說，在買地券中充當「知見」或「保人」，是祂們與生俱來的天職，更是衍生出如此有意思的名字的主要原因。[111]

同樣的，在「磚契」中充當「證人」或「中人」的張堅固、李定度二位神仙，所代表的也是土地交易的合法化與可信性，讓宮、廟、祠堂及家宅的神明或祖先確定自己所安身棲息的地基是經過合法的程序買賣而來，在此起蓋廟堂、宅第不會因為陰間的土地「產權不清」導致外靈干擾，而無法有效的確保宅第或宮、廟、祠堂的安全，進而影響居住在裡面的陽間子孫或所轄的信徒。

另外，值得一提的是，「磚契」流傳迄今，各地所採用的契文書寫格式多有不同，有的還會在契文最後畫符簽押，作為一種奠基的安鎮符法。以大陸福建同安、金門、澎湖、臺灣四地的「磚契」來比較，金門和大陸同安地區契文的寫方式大致相同，都是在單面紅磚上採由外向內築行書寫的方式，不論橫、直，每一行都有相同的字數，相當有規律，這和回文詩的排列頗有異曲同工之妙。

澎湖地區，以風櫃里溫王廟「磚契」為例，其方式是在二塊紅磚上都書寫契文，一塊由右向左書地契，一塊由左向右書地契，寫好後兩塊紅磚靠齊，在磚與磚交接處書符畫押。這種寫法頗像民間所用的合同或憑證，雙方各執一聯，日後有爭議，則彼此取出相對照，接縫處的字跡或畫押若能吻合無誤，表示契約具

---

[111] 黃景春〈地下神仙張堅固、李定度考述〉，頁53，《世界宗教研究》第一期，2003年。

有合法性,若是不能吻合,則契約無效,這樣的書寫方式可能是受民民間買賣交易的影響。

臺灣本島「磚契」的書寫格式又和上述地區不同。根據筆者所採訪到的「磚契」寫法,其做法都是在單面四方紅磚上書寫契約文,寫法是一行正一行反,以合乎一陽一陰的陰陽觀念;另一塊紅磚則畫上符咒來鎮壓。「磚契」上所用的符咒,其樣式並不統一,主要是以各派所傳的符法為主,其功用除了能鎮宅押煞外,還能彰顯契約的合法性,藉著符咒所下的命令來保證契約的確實執行,以保障買、賣雙方的權利,達到陰、陽兩界雙贏的境地。

(三)「磚契」的安置與地基主有甚麼關係?

在民間傳統陰、陽空間的認知下,人們認為土地具有陰與陽雙重的性質。土地不僅是陽世「活人」的生活使用空間,也是陰間「亡靈」活動或駐足的地方,換句話說,「陽世人」與「陰間靈」同時享有土地的所有權。因此,當土地被要求建造出適合人居住的場所或建造出提供人祭祀的廟宇、宗祠時,土地就必須要陰、陽有別,不能再有陰間的使用者隨意進出,而民俗宗教活動中埋「磚契」的儀式,就是對外宣告土地已經從陰間的所有者手中讓渡給陽間的人使用,「磚契」就是陰、陽兩界裡讓渡土地的契約文書。

「磚契」所書寫的土地交易契約內容,格式與清代民間所使用的土地買賣契約大同小異,通常契約第一行開頭就署名的立約契字人就是地主,這個署名在最後的契尾還會再書寫一次並畫押蓋指模,確認無誤。以此類推,如果「磚契」是用來做為陰、陽兩界裡讓渡土地的契約文書,代表陽間的人已經向陰間土地的所

有者－「地基主」完成交易手續，那麼相對照於民間的土地契約，「磚契」開頭所書寫「立陰陽契字人武夷王[112]有地基一所…」，文中的武夷王就是陰間土地地基之主。

　　由於「磚契」源自於大陸福建地區，因此在當地一些地區也能見到相關「地基主」的信仰習俗。大陸學者林國平、彭文字所著的《福建民間信仰》一書中，就曾簡短的提到：

> 漳州的一些地方，有地基王信仰。俗謂每座尾宅都有一名地基王守護，地基王還有妻子。每月初二、十六和月末，房主要設香案菜餚美酒祭祀，一般擺四盤菜餚，四杯美酒，一盆米飯，插三根香，在擺上兩雙筷子。筷子的擺法與常規相反，其頭部朝外，不知何故。地基王信仰實際上是土地公信仰的變種型態。[113]

依照上述資料，林國平、彭文字所說的「地基王」應該就是「磚契」中的地基之主－武夷王的簡稱。其實有關「地基主」的信仰習俗僅見於臺閩地區（包含金門、澎湖），在大陸內地卻沒有聽聞，也無史籍或方志記載，因此筆者就大陸學者陳進國所提出的觀點：

> 福建民間在具體運用理氣派的符鎮法時（筆者案：指埋設磚契），充分融入了以自我為中心的價值認知，帶有鮮明

---

[112] 「立陰陽契字人武夷王……」，亦有寫成「立陰陽契字人盤古武夷王……」，按此「盤古」二字並非指開天闢地之神盤古，而是代表原始之意。

[113] 林國平、彭文字《福建民間信仰》，頁88，福建人民出版社，1993年。

的本土化和區域化的特色。人們拜祭神祇並非僅僅出於某
種精神上的終極關懷，而更是服從于現世的利益追求。[114]

文中所指出的鮮明的「本土化和區域化的特色」，點出了「地基
主」的祭拜習俗源自於福建地區的民間風水信仰；這樣的區域化
特色，幾百年來經過海外的移民拓墾傳至金門、澎湖、臺灣，甚
至遠至南洋一帶國家[115]，最後成為臺閩地區及南洋華人獨特的地
方信仰習俗。

　　另外，值得一提的是，不僅陽間購地蓋房子或建宗祠、廟宇
需要向「地基主」買地，連民間燒給往生者，供其在陰間居住的
「紙厝」，也必須要有「紙厝」所要坐落的「厝地」的買賣契約
，《臺灣宗教論集》就有這樣的記載：

　　　　陰有陰司，陽有陽府，陰陽兩路，物各有主。
　　立賣杜絕厝地契字人武夷王有地基一所，坐落土名在酆都
　　界山下，東南西北，四至橫直，抽出各○丈，明白為界。
　　今因乏銀費用，外托中土地公引就，向與陽間報○○○○
　　○○○○等，出首成買。三面妥議，著下時價銀○○大

[114] 陳進國〈安鎮符咒的利用與風水信仰的輻射－以福建為中心的探
討〉，頁112，《世界宗教研究》第四期，2002年。

[115] 香港、菲律賓、馬來西亞、柬埔寨、泰國等地華人世界，也有地基主
的崇拜，通常和土地神信仰結合在一起。筆者旅遊泰國時，曾在華人
開設商店內牆腳見到地基主的神龕座落在地上，泰國華人稱地基主為
地主公或地王爺，其形式是龕內為地基主神位，神位前是土地公或土
地公與土地婆的塑像。神龕上方有一橫匾，上書堂號名稱，如「聚寶
堂」等。神龕兩側門柱上有內外對聯各乙副，外對聯是「金銀從地起、
福祿自天來」；內對聯是「地興財大發、主盛合家安」。

員，其銀即日同中交訖。其地基交付銀主，請陽間小匠蓋
瓦厝一座○○○○○○○○○○○○○。內帶男童女婢家器
什物齊備。交付亡過○○○○○○○○○○真魂居住掌
管，不許外魂爭奪。如有外魂爭奪阻擋者，武夷王自出首
抵當，不關銀主之事。此系二比甘愿，各無反悔。口恐無
憑，今欲有憑，特立杜絕厝地契字一紙，付執為炤。

　　即日同中見收過契面銀○○大員足。在炤。

為中人　　土　地　公

知見人　　李　定　度

天運○○年○月○日　立賣杜絕契字人　武　夷　王

代書人　　毛　筆　成[116]

所謂杜絕契是當買賣土地時，由賣杜人交付買主的證書，載明賣
方日後無一切反對意見。本契約大意如下：陰間有陰間的官員，
陽間有陽間的官府，陰陽兩路，立下建物地基賣渡契約證書人武
夷王，有地基一所，位在酆都之界的山下，東西南北，四方界線
為橫與直，抽出各多少丈，明記界限，今因欠缺銀兩費用，委託
土地公居間介紹陽間人某（死者家屬）出面承購。三者商量好，
以時價多少大員成交，所需費用當日會同居間人交付清楚，同時
賣方也須將地基交付銀主，由其委請陽間工匠建築瓦屋一座，內
備男童女婢、家器雜物，交付死者真魂居住，不許其他外魂爭奪，
若有外魂抗拒搶奪者，武夷王親自出面負責阻擋，無關買主的
事。以上內容是雙方當事人所願意成諾，無論如何，都不後悔，

---

[116] 增田福太郎著、黃有興譯《臺灣宗教論集》，頁99，臺灣省文獻委員
會，2001年。

但因怕口說無憑，特別製作建物地基賣渡契約證書一紙，送交銀主持有，作為雙方交易的證據。當日在居間人及見證人到場下，收足契約所記載費用，再度確實無誤而以為證據。之後就是簽訂契約的時間，當日土地買賣的介紹人、見證人、代書人和賣地人的簽名。[117]

三、地基之主武夷王考源

「磚契」中所記載的武夷王就是民間所崇祀的「地基主」，那麼武夷王又是何方神聖呢？武夷王又稱武夷山王或武夷君，最早記載武夷王的文獻，是《史記‧封禪書》：

> 古者天子常以春解祠，祠黃帝用一梟破鏡；冥羊用羊祠；
> 馬行用一青牡馬；太一、澤山君地長用牛；武夷君用乾魚；
> 陰陽使者以一牛。[118]

《漢書‧郊祀志》也記載漢成帝時丞相匡衡奏請罷諸祀，其中包括武夷神。而考古材料中所見到的武夷神，最早的當屬湖北江陵九店五十六號楚墓出土竹簡所載，該墓屬戰國晚期早段，武夷神見於編號四三、四四兩簡，而簡文所說的武夷王是「司兵死者」，可是文獻卻沒有這樣的記載，不過後來經過考古挖掘，在屬於漢時期的馬王堆三號墓中，所埋葬的「太一避兵圖」帛畫，找到了武夷王的形象，畫中的神手執武器，頭戴山形冠，題記名之曰「武

---

[117] 增田福太郎著、黃有興譯《臺灣宗教論集》，頁101，臺灣省文獻委員會，2001年。

[118] 司馬遷原著、楊家駱主編《史記》，卷28，頁1386，鼎文書局，1979年。

弟子」（李加號先生讀為武夷子），該神旁邊又有「百刃毋敢起」
等題記，此和前所說的「司兵死者」有相通之處。[119]

到了東漢時期，武夷神的性質已產生了變化，成為鎮墓文中
的一般土地神，並且稱之為武夷王。東漢陳叔敬鎮墓文資料：「熹
平元年十二月四日甲申，為陳叔敬等立冢墓之根。為生人除殃，
為死人解適（讁）。告北冢公伯、地下二千石、倉林君、武夷王，
生人上就陽，死人下歸陰，生人上就高臺，死人深自藏，生死各
異路。急急如律令。善者陳氏吉昌，惡者五精自受其殃。急急。」，
武夷神在此被尊稱為武夷王，似乎又更加受人尊崇，不過實際上
已從戰爭之神[120]淪為一般的地下神了。[121]

一九七三年在江西南昌北郊發掘的唐昭宗大順元年（890）
墓中，所出土的墨書木地券記載：

> 維大唐□□庚戌九月甲申朔，十三日丙申，洪州南昌縣敬
> 德坊歿亡故人熊氏十七娘，□□□□命已終，別無餘犯。
> 今用銅錢玖萬玖千玖百九十萬貫，□□□□百匹，就蒿裏
> （里）父老、□（安）都承（丞）、武夷王買得此地□，
> 東至□□，西至□□，南至丙丁，北至壬癸，中央戊己，
> 上至蒼天，下至地碭（陽）。[122]

---

[119] 劉昭瑞〈安都丞與武夷君〉，頁55~56，《文史》第二輯，2002年。

[120] 若依字義而言，所謂戰爭之神指的是主管征戰之神，而依照簡文所說
的武夷王是「司兵死者」字義來解釋，武夷王應該是主管戰死兵士之
神，使其魂魄有所依歸。

[121] 同上引述，頁56。

[122] 陳文華、許智范〈江西南昌唐墓〉，頁402，《考古》第六期，1977年
。

唐、宋時期出土的地券，也有只出現武夷王的名稱，如羅振玉《地券徵存》著錄一件南漢大寶五年（962）一〇月內侍省馬氏二十四娘買地券（石刻，廣州市近郊出土，九寸×六寸六分，每行順逆相間，今改寫），右端首行為道教符籙，太上治聖四方煞鬼之用；上端合同地券一道（存右半）；券文中提到亡者二十四娘用錢玖萬玖阡玖伯玖拾玖貫玖伯玖拾玖文玖分玖毫玖厘，於地主武夷王邊買得左金吾街……，末又云「賣地主神仙武夷王[123]。由此可知，至少在唐五代時期，武夷神已蛻變成類似土地神的雜神。

唐代文獻中，武夷王也被稱為地官，並與其他道教神仙並列，陸鴻漸《武夷山記》記載：

> 武夷君，地官也。相傳于八月十五日大會村民于武夷山上，置幔亭，化虹橋，通山下。村人既往，是日，太極玉皇、太姥魏真人、武夷君三座空中，告呼村人為曾孫，因奏〈人間可哀〉之曲。[124]

所謂的地官就是《周禮》中的司徒，負責掌管土地和人民。地官又稱地祇，是土地社稷的大神。至於武夷王（武夷君）如何會演變成地官，大陸學者陳進國認為：

> 主要掌管陰宅（地下）土地歸屬的「地主」或「地官」──武夷王，是以齋醮符咒為主要內涵的天師道同閩人武夷君信仰相結合的產物。武夷王已被早期天師道納入三官（天

---

[123] 池田溫《中國歷代墓券略考》，頁 240~241，東京大學東洋文化研究所紀要，第八十六冊，1981 年。

[124] 《雲笈七籤》卷九十二《贊頌部‧贊頌歌》所錄《人間可哀》之曲一章並序。

官地官水官）解注之法，以使墳墓安穩，注訟消沉。[125]

把武夷王當作地官祭祀的情形，在澎湖地區一些民間祭典儀式所
用的疏文中可以見到，如：「請三界」、「退三界」等疏文。學
者黃有興認為當地多以「天官玉皇大天尊玄穹高上帝」、「地官
盤古仙師武夷大尊王」、「水官壬癸龍樹大尊王」來稱呼三官大
帝，而較少用道教所稱的「上元賜福天官一品紫微大帝」、「中
元赦罪地官二品清虛大帝」、「下元解厄水官三品洞陰大帝」，
此似有濃厚的傳統巫教意味[126]。

　　「買地券」（包括鎮墓文）最早發現於長安、洛陽、寶雞等
關中和中原地區，基本上可以斷定這裡是開風氣之先的發軔之
地。然而在後世所發現的「買地券」中，賣地人的角色並不固定，
有時是張堅固或李定度，甚至二者同是；有時是黃天父、伯土母、
十二神或皇天父、后土母、社稷主；有時也會出現東王公、西王
母；當然也會有沒有書明賣地者是誰的[127]。由此可知，武夷王並
不是「買地券」中掌管陰宅土地的唯一地主，祂和許多因墓葬「買
地券」文化而創造出來的「專職神仙」一樣，其存在都是為了要
達到讓死者能瞑目的在墓地中長養安息的功能，使死者確信墓地
是自己買來的，土地源頭清楚，交易過程合法，可以不受干擾的
在此安心居住，於此也就不必要因「死無住所」而再返回陽間的

[125] 陳進國〈福建買地券與武夷君信仰〉，頁114，《臺灣宗教研究通訊》
　　　第三期，2002年。
[126] 黃有興、甘村吉《澎湖民間祭典儀式與應用文書》，頁216，澎湖縣文
　　　化局，2003年。
[127] 黃景春〈地下神仙張堅固、李定度考述〉，頁48~49，《世界宗教研究》
　　　第一期，2003年。

故宅，作祟自己的親人。

　　不過，上述武夷王並不是唯一陰宅地主的說法，在福建地區卻有了一百八十度的轉變。目前福建地區所出土的明清「買地券」中帶有武夷王字樣的相當多，這是其他地區出土的地券所少見的，推究其因，可能是跟武夷山位於福建境內有關[128]。筆者認為，武夷王既是「地官」，也是「地主」，又曾在福建名山－武夷山上大顯神通，在這樣的傳說背景下，其掌管廣大無邊的土地而成為福建地區「買地券」中掌管陰宅土地的公認地主，應該是理所當然的結果。這種以武夷王為地主，掌管所有土地的觀念，日後又被福建民間理氣派風水術所吸收，並參照「買地券」的形制製作成「磚契」，上刻類似民間土地買賣契約的契文，應用在陽宅建築所施行的符鎮法術上[129]。至此，武夷王搖身一變，不僅掌管陰宅土地，也兼營起宅第廟宇地基的生意，這樣的多元轉化，應該是原本為「司兵死者」的武夷王所料想不到的，更突顯出福建地區受自然環境與風水符鎮法術的影響，所產生的特殊民間信仰文化。

第四節　「地基主」的信仰意涵－陰陽空間的主權意識

　　由上述推論，「地基主」既然源自於「磚契」中的「地主」

----

[128] 陳進國〈福建買地券與武夷君信仰〉，頁116，《臺灣宗教研究通訊》第三期，2002年。

[129] 陳進國〈安鎮符咒的利用與風水信仰的輻射－以福建為中心的探討〉，頁111，《世界宗教研究》第四期，2002年。

武夷王，為何金門、澎湖、臺灣民間不以「地基王」或「武夷王」
的名號來稱呼，而獨好「地基主」這個名稱，筆者認為應該是受
到清代民間土地契約文書的影響。《臺灣慣習記事》有關土地舊
制舊慣調查報告書中對此有詳細的說明：

> 地基主是土地居住權之所有人，厝主是房屋所有人，所以
> 在他人有居住權之土地上，欲建築房屋的時候要繳納借地
> 金是厝主的義務，而加以徵收是地基主之權利，溯字明鄭
> 時代起至清光緒三年（一八七七）止，…而且房屋之買賣
> 在契約上亦不列入基地支買賣，而自然包括在內之例亦極
> 多。[130]

依照上述說明，同樣是一塊建有房屋的土地，卻產生兩個不同的
所有權者，一個是土地居住權之所有人－地基主[131]；一個是房屋
的所有人－厝主，厝主因為向地基主租借土地建築房屋，因此必
須繳納地基租，而地基主也基於地主的身分有收租的權利，此二
者於民間都稱之為「業主」，也就是一業之主。地基主、厝主（房
東）的名稱及相互間的權利義務，從明鄭時代起就已經存在，一
直到了清光緒三年（1877）才終止。

　　其實依照清代政府對土地經營管理觀念而言，土地為國家所
有，一般老百姓只能擁有土地的業權並且可以世代為之，而非擁
有土地的所有權。這種區別臺灣民間都不重視，而且誤認為業權
視同所有權，以致於把土地業權的買賣、讓與當作是土地的買

---

[130] 陳錦榮譯《臺灣慣習記事》第一卷下第十一號，頁177，臺灣省文獻
　　　委員會，1984年。
[131] 此地基主代表現實生活的人，故不冠「」以區別代表靈界的「地基主」。

賣、讓與，二者混為一談所以通稱土地買賣及讓與。事實上這只是業權的交易轉讓而已，其方法就是在買賣雙方之間立中人就寫買賣契約書，契約成立交割完畢後，買主即可向縣廳等官府申請登記註冊並繳納契稅[132]。這一類的土地交易契約文書在《清代臺灣大租調查書》、《臺灣私法物權篇》都有詳細的記載，其中有關「地基」部分的批示，習慣將土地居住權所有者以地基主來稱呼。

舊制土地契約文書中的地基主可以提供「地基」給他人來蓋房屋居住並收取租金（地基租），也可以將「地基」的業權賣斷轉移交由新業主處置，而到底是租借或是賣斷完全依照所訂定的契約內容為主。同樣的，把這樣土地制度模式運用於「磚契」上，那麼契文中所說的「地基」所有者－武夷王就是「地基主」，而「磚契」就是陰陽兩界裡土地「地基」業權讓渡轉移的證明文書。至此，武夷王就等同於「地基主」的解釋似乎已經成立，不過事實上卻不然；許多舉行謝土儀式的「法師」都認為，不同的建築用地形成了相異的「地基主」，而武夷王就是這些「地基主」的統轄者。安「磚契」儀式的運用舉行就是對「地基主」完成支付的契約，這張契約也是「地基主」的統轄者－武夷王的一種保證[133]。依照此種說法，武夷王不但不是「地基主」，反而是「地基主」的頂頭上司，統轄著無數個不同區域、不同建築用地的個別「地基主」，因此在「地基」業權的轉讓上，只要取得武夷王所

---

[132] 同上引述，頁181。

[133] 植野弘子〈臺灣漢民族の死靈と土地－謝土儀禮と地基主をめぐって〉，頁394，《國立歷史民俗博物館研究報告》第四十一集，日本千葉縣：國立歷史民俗博物館，1992年。

簽定的土地契約文書，就等於是對用地「地基主」完成交易的手續。如此的做法就如同上述清代政府對土地的經營管理制度，地基主是土地「地基」業權的擁有者，是一個通俗化的名稱，意即只要擁有可供他人借用以建築房屋之「地基」，都可以稱做是地基主，所以不同的「地基」業主，就形成不同的地基主，而有關業權的交易轉讓，都必須經過官府的註冊登記來獲得認同與保障。由此延伸，陰界也如同陽間一樣，每一塊「地基」都有一個業主－「地基主」管理守護，而負責掌管土地的武夷王就如同陽間官府一樣，對業主有許可權，因此當陽間的人欲向陰間的「地基主」購買土地的居住權時，「磚契」上所書寫的立契約字人就不書寫「地基主」，直接以武夷王的名諱來代表，相信只要經過武夷王這個業管首長的許可，所簽訂的契約決不會有任何缺乏效力的問題。這也就是金門、澎湖、臺灣民間習慣說向「地基主」買土地（實際上是買土地的居住使用權），而不說向武夷王買地的原因。

　　一般來說，民間在「謝土」儀式中舉行安「磚契」的目的，除了向陰間業主－「地基主」取得土地居住所有權外，也在告知先前的陽間業主亡魂以及依附在這塊土地上的孤魂「好兄弟」，本塊土地已經過合法的買賣轉讓程序，業權已歸他人所擁有，自此不許再來打擾侵犯。而儀式完成後，通常就不用再特別地祭拜「地基主」[134]。至於沒有能力舉行「謝土」儀式的民眾，也會在清明、端午、中元、冬至、除夕等特定的歲時節慶來祭拜「地基主」，周到一點的甚至會在農曆的每月初二、十六「作牙」祭拜土地公的時候，也一同祭拜「地基主」。此種做法就如同土地舊

---

[134] 同上引述。

制舊慣中，厝主向地基主繳納借地金（地租）一樣，陽間的厝主以供品及金銀紙錢來向陰間的「地基主」納租，而收了租金的「地基主」就必須負有保護陽間厝主的責任並阻擋任何不當的干擾。相對的，既沒有舉行「謝土」儀式，又不祭拜「地基主」的住家，自然而然就沒有取得陰界「地基」的居住權，如此強佔的行為會引起「地基主」的不悅，也不能獲得祂的護持，所以民間相信這會招惹禍事，因此為了避免讓住家在陰界的業權處於不合法的狀態，引來不必要的麻煩，必須透過祭拜「地基主」的儀式，以示向其繳納「地租」而取得居住的權利，如此一來有任何的糾紛，「地基主」自當出面抵擋處置，厝主在其護持下也就能長住久安。

由以上論述得知，源自於大陸福建原鄉陽宅建築符鎮法術安「磚契」所產生的地基之主武夷王（地基王）信仰，隨著移民拓墾的過程在臺灣這個新天地傳遞開來，迄今還是民間歲時節慶所必須舉行之祭拜儀式；但是不可否認的，這種源自於原鄉的信仰文化，在時間、空間、社會風俗等環境因素長期的影響下，也有了不同程度的改變，而有別於原傳統。這樣的改變充分反映出當時社會的土地制度與交易處理方式，使得「地基主」信仰帶有較濃厚的功利主義及實用主義色彩；身為厝主的人們只要用安「磚契」的方式買斷或用祭拜的方式來繳納租金，「地基主」自然而然的就會肩負起一切的責任，保障厝主的權利。而透過祭祀儀式利用神祇來取得陰界土地合法居住權的信仰觀念，在當時移民拓墾取得土地權利的過程中，可以滿足移民者以自我為中心的價值觀，並取得陰陽兩界人與天地諸靈的認同。如此符合現世利益追求的信仰文化，能在臺灣民間流傳迄今，並非偶然。

第三章

臺灣民間「地基主」信仰的轉化

第一節　崇祀性質之轉化

　　「地基主」信仰原本源自於福建民間理氣派風水符鎮法術，主要祭祀的對象是土地「地基」的業管神明，因此在崇祀性質上可歸類為土地信仰。不過，這種信仰形態傳至臺灣民間後，經過時間、空間、社會風俗等環境因素長期的影響下，有了不同程度的轉變，而有別於原傳統。各地方因為對「地基主」的字義及相關祭祀儀式的解讀不同，在祭祀性質上產生了不一樣的說法，以下是筆者針對這些轉變所做的說明。

一、「地基主」轉化爲靈魂崇拜

　　如前述章節所言，臺灣民間習慣以「地基主」這個名詞來稱呼土地陰間所有權者，而不以「地基王」或「武夷王」的名號來稱呼，是受到清代民間土地契約文書中，土地居住權所有者－地基主這個通俗化名稱的影響。雖然這種祭祀名稱的轉變，彰顯出源自於福建原鄉的信仰文化，經過移民的傳入以及在時間、空間、社會風俗等環境因素長期的影響下，有了不同程度的改變，而有別於原傳統；意味著臺灣漢人由移民社會走向「土著化」轉變成為土著社會[1]，但是也造成了後人對「地基主」信仰性質的誤解，將陰間的「地基主」當作是陽間土地「地基」之主（亦稱做地基主）死後的靈魂。這些鬼魂或許已經隨著後世子孫的遷移而離開了原本居住的土地，但是也有可能因為沒有後嗣而成為無

---

[1]　陳其南〈清代臺灣社會的結構變遷〉，頁 116，《中央研究院民族學研究所集刊》第四十九期，1980 年。

人祭祀的孤魂厲鬼（好兄弟），以致陰魂不散而滯留原居住地，後住者往往因懼怕其會作祟生禍，在息事寧人求取居住平安的情形下，大都會在每月初一、十五或逢年過節來祭祀。學界中最早提出這種說法的應該是日本民俗學者鈴木清一郎[2]，此後許多研究民間信仰的學者或民俗工作者，就沿用此種說法將「地基主」歸類為孤魂厲鬼[3]。

事實上在筆者田調訪談的過程中發現，誤把「地基主」當作是「先住者亡靈」的人比比皆是，甚至有一些法師也都這麼認為。這些人常常以一些生活中所聽過或見過住宅居住不安的案例，來解釋自己的看法。最常聽到的是某甲向某乙買土地蓋房子，因為沒有連同買斷某乙土地陰間的所有權，致使某乙的祖先亡魂不願離去而留在原地作祟，讓某甲全家居住不得安寧，事事不順，最後在神明或法師的指點下來祭拜「地基主」，徵求其同意釋出土地陰間所有權後，某甲方能擺脫陰間鬼魂干擾而正常生活。此種土地「陽世有買斷，陰間沒買斷」會引起原業主祖先亡魂不認帳，因而回來作祟後住者的觀念，一直存在於臺灣民間信仰多數人的認知中。而一般人在神明或法師的指點下，以祭拜「地基主」或安「磚契」的方式來取得土地陰間合法居住權的做法，因無人解說其意義及內涵的情形下，往往會讓人誤解為「原業主祖先亡魂」就等於是「地基主」，久而久之，這種說法在民間就形成一種普遍的認知，再加上無人去溯源改正的狀況下，就這樣的在臺灣社會常民生活文化中流傳下來。

---

[2]　鈴木清一郎著、馮作民譯《增訂臺灣舊慣習俗信仰》，頁 25~26，眾文圖書股份有限公司，1989 年。

[3]　如：梶原通好、曾景來、王詩琅、吳瀛濤、林曙光等。

　　此外，臺灣民間也有一些地方會將「地基主」認定是當地最早開拓定居的先人，居民通常以「○○○開基地基主」、「○姓開基地基主」、「開基地基主」或「地基主」來稱呼[4]，並且在聚落空地處單獨建小祠來奉祀。一般來說，這種不同於家宅所祭祀而有自己專屬祠廟的「開基地基主」，就是民間所認知的土地「地基」最早開拓定居所有者的亡魂，而且會在地方上單獨建祠奉祀的，大都是後來遷居此地的外來者或異姓族群。因為若是世居的當地人或當初開拓先人的子孫，是不會稱自己的「開基祖」為「地基主」，而且若是要建祠供奉的話，應該是建立自己的姓氏宗祠，而不是建立「地基主祠」。至於建祠奉祀的原因，有可能是後住者基於「拜碼頭」先行安撫而建立，目的是為了求取居住的平安；也有可能是受到先住者的託夢或干擾，不得不遵照其指示來執行，使能有安身棲息之所。建祠後除了平時的燒香膜拜外，逢年過節還必須準備豐富的供品及金銀紙錢祭祀，周到一點的還會比照廟宇神明聖誕，擇日為其祝壽，其所受到的待遇遠超過一般家宅中所奉祀的「地基主」，也彰顯出臺灣民間信仰所擁有的多元性質。

二、「地基主」轉化為庶物崇拜

　　臺灣民間也有人認為「地基主」主要崇拜的對象是地基，因此將其歸類為庶物崇拜祀神[5]。至於為何會有此認知，筆者認為

---

[4]　如：雲林縣北港鎮劉厝里「劉開基地基主祠」及高雄縣田寮鄉南安村崗安路六十號五王宮旁「地基主廟仔」皆是。

[5]　董芳苑《臺灣民間宗教信仰》，頁169，常青文化事業股份有限公司，1984年。

這是受到「地基主」中「地基」這兩個字的影響。

「地基」，這個名詞本身有兩種意思，第一種是指可以提供做為起蓋屋宅使用的建築土地；另一種就是指建物的基礎，也就是地盤。就整座建築物而言，「地基」就是底盤，也就是建築物的基礎，它的結構穩固與否，關係著地上物的安全，所以民間在動土營建房宅時，對整個「地基」處理的工作態度相當謹慎，除了要求建築材料的真實和施工的確實，有的還會在做基礎的同時，準備一些供品、金銀紙錢來祭拜「地基主」，祈求能奠基順利，建造過程圓滿成功。黃耀能先生所總纂的《續修高雄市志》專書，就有這樣的記載：

> 整土完竣後，在擬築壁牆之處，挖下大約一臺尺的深度，再填入老古石與灰砂稱謂「地基腳」。奠基時須以香案、牲醴、金紙等祭拜地基神，祈求興建過程平安，順利圓滿。[6]

由於民間在「奠基」打基礎時，為了祈求日後興建過程的順利，也會一併祭拜「地基主」。但是，這樣的祭祀儀式在祭拜時間、祭拜目的的雙重巧合下以及民間對房屋基礎的嚴格要求，致使一般人誤以為祭拜「地基主」就是在祭拜護持地基之神，將「地基主」視為是職司穩固地基的「職能神」[7]，祈求其能讓基石永固，

---

[6]　黃耀能總纂《續修高雄市志》．卷八．社會志風俗語言篇，頁 58，高雄市文獻委員會，1997 年。

[7]　民國九十三年十月十五日臺灣地區發生規模七的地震，此日是逢農曆九月初二，臺北 101 大樓的商家依習俗拜拜時，不忘燒紙錢給「地基主」，祈求平安。詳見民國九十三年十月十六日聯合報頭版。

建造一所「萬年寶蓋」，讓後世代代子孫都能以此永為居業，飛黃騰達。

三、陰間「善魂」轉化爲「地基主」

臺灣民間對「地基主」的認知，除了上述先前住者的「靈魂崇拜」及守護地基「職能神」的「庶物崇拜」外，也有人認為「地基主」是家中的陰神，由陰間有功德的「善魂」所充任，主張此種說法者主要以鸞堂信仰體系為主。學者王志宇在〈臺灣民間信仰的鬼神觀－以聖賢堂系列鸞書為中心的探討〉一文中提到：

> 鸞書裡所提到的境主公、境城隍，與臺灣社會實際的民間信仰行為息息相關，書中將地基主、床母等歸納為一般陰神善魂的說法，或許並不被所有人所認同，但卻是研究此類信仰的重要參考資料，也是建構民間信仰神鬼譜序及架構的重要材料。[8]

文中所說的，鸞書裡將住宅「地基主」歸納為一般陰神善魂所任職的觀點，在「拱衡」雜誌中就有類似的記載：

> 叩問：何謂「地基主」？
> 聖示：地基主是受封享祀人間的善靈。[9]
> 徐生叩問：居家住宅之地基主姓名及因緣？
> 聖示：地基主名柳三娘，乃因頗能珍惜谷（穀）物，而得

---

[8] 王志宇〈臺灣民間信仰的鬼神觀－以聖賢堂系列鸞書為中心的探討〉，頁130~131，《逢甲人文社會學報》第七期，2003年。

[9] 不著撰人〈釋疑專欄〉，頁16，《拱衡》第一一五期，2002年。

天福報，在此為地基主享祀。[10]

其實在臺灣民間信仰觀念中，普遍認為生前行善的人，有功於社會國家的人，自我犧牲成仁取義的人，富有忠孝節義的民族正義感的人，有功德於民的人，有特殊勇敢行徑為民除害的人，他們死後，其靈魂都可以轉化為神明[11]。在這樣的意識型態下，民間常可以耳聞某甲生前積德行善，死後充任某處土地福德正神一職，或者某乙在世長年修行積功累德，死後任職陰曹地府某處判官職務等說法。此種「生前正直行善，死後為神」的民間信仰觀念，在儒宗神教相關鸞堂的努力下，透過一系列鸞書的描述，把鬼與神之間如何變化，形成一套有系統的理論，對於人死後成為靈魂，以及在何種情況下，能升格成為神祇，有相當程度的說明[12]。換句話說，在神教信仰體系下，世人只要積極的去行善並且修養自身，死後即可依照善行功德來轉化為神，而「地基主」這個位階即是善行功德少者之「善魂」可以充任的職務。不過這種職務並非是永久的，若是日後有陽世子孫或宅主捐金做功德請求仙佛辦理「保調拔度」[13]靈修，待修行圓滿之後，本家宅「地基主善魂」即可再升任果位較高之職務；相對的若是陽世子孫不肖恣意為惡或「善魂」犯戒、修行不精進，也會因此遭貶謫，降為

---

[10] 不著撰人〈釋疑專欄〉，頁23，《拱衡》第八十五期，2000年。

[11] 劉昌博《臺灣搜神記》，頁15，黎明文化，1981年。

[12] 王志宇〈臺灣民間信仰的鬼神觀－以聖賢堂系列鸞書為中心的探討〉，頁128，《逢甲人文社會學報》第七期，2003年。

[13] 即拔度靈修以超薦先亡靈出苦於九幽地府，而位列人間道場靈修，乃在今時應運降於鸞門之殊勝方便法門，世人當知把握。詳閱《拱衡》雜誌第八十五期，頁24，2000年。

較低階神職或是剔除神格。鸞堂這種「善魂」為神的觀點不但可以鼓勵門下教眾努力修行為善，還能用來解釋當前民間一神多分身（例如：各地都有天上聖母、註生娘娘等，此皆為諸善魂所充任）的現象，而且在鸞書或善書的流通傳佈下，對臺灣社會裡接受傳統民間信仰的人們產生不少的影響，勸修得度成神之說也因而融入民間信仰思想體系中，成為信眾在求取諸神庇祐現世平安順利之餘，另一種可以積極追求的利益。

第二節　內容之轉化

一、區域性「地基主」的產生

　　臺灣民間「地基主」的祭祀原本主要是以家宅為單位，每戶人家個別拜自己所居住房屋的「地基主」，這是因為「地基主」所管轄的區域只限於單一家宅所在土地地基而已，出了家宅之外的土地就是「社」的範圍，屬於地區性的土地神所管轄，其祭祀對象是「社」神－土地公而不是家宅的「地基主」。所以嚴格來說，「地基主」的祭祀性質如同家宅內的「門神」、「灶神」、「床母神」一樣，都是歸類為個別居家祀神，因此依照民間信仰常理推論，應該不可能超脫家宅之外而成為區域性的祭祀對象。但是，事實上卻不然，民間將「地基主」轉化為靈魂崇拜後，把「地基主」當作是土地開墾者或原先居住者死後的靈魂，因為沒有子嗣而成為無人祭祀的孤魂厲鬼（好兄弟），以致陰魂不散而滯留原居住地，因此必須加以祭祀以防止其作祟生禍。一般人在這樣的認知觀念影響下，將舊制原本是稱「建地」所有權者的地基主，擴大解釋為一切土地的所有權者，換句話說，地主也可以

稱為地基主。如此一來，土地開墾者或先住者死後靈魂所轉化而成的「地基主」，所管轄的範圍不再侷限於單一家宅地基而已，凡是家宅外所擁有的土地，包括：山林、田地、漁塭、路地等都歸「地基主」統管，相對的其祭祀也由傳統的家宅走出戶外，區域性的「地基主」信仰就此產生。

雖然民間區域性「地基主」祭祀的產生，是基於對土地先前所有權者或開墾者的尊重與感念之心，但是實際上這樣的概念發展到後來，已經有了不一樣的變化。許多地方不只將土地先前所有權者或開墾者當作是區域性「地基主」來祭拜，更擴大解釋將滯留於土地上的「陰魂地主」，也當作是「地基主」。這種認知觀念的轉化，也常發生在其它祀神上[14]，代表著常民長期以來對民間信仰祭祀意義及目的，普遍存在著「模糊籠統」、「一知半解」、「有樣學樣」的想法，造成許多祭祀本質及形成因素的複雜而多元化。目前臺灣各地不同因素所形成的區域性「地基主」信仰，有許多就是在這樣的情況下產生，以下是筆者針對這些因素所做的歸納分析。

（一）最早開拓此地的漢人開基地主，成為區域性「地基主」

所謂的漢人開基地主就是最早在地方上進行拓墾的先民。由於早期臺灣屬於移民社會，許多大陸先民冒著生命危險渡海來臺從事開墾並就此定居，成為當地最早的開基祖。這些最早在地方開基的先民，有的在當地後世子孫的感恩懷念下，建立同姓宗祠

---

[14] 如元帥封號本是廟內統兵神明的尊稱，但是現今一些有應公廟內的孤魂厲鬼也能稱為某某元帥。

來共同祭祀[15]，有的卻因為後世子孫的遷移它處或沒有後嗣而成
為無人祭祀的孤魂厲鬼（好兄弟），陰魂不散的滯留原居住地。
後來遷居此地的居民，一方面為了求取居住的平安，一方面也基
於紀念或感謝開基地主拓墾之功，就建立「地基主」祠來供奉祭
祀，居民通常以「○○○開基地基主」、「○姓開基地基主」、
「開基地基主」或「地基主」來稱呼。高雄田寮鄉南安村岡山頭
（臺 184 號道路）「地基主廟仔」、田寮鄉南安村崗安路六十號
五王宮旁「地基主廟仔」、雲林縣北港鎮劉厝里「劉開基地基主
祠」等，都是屬於這一類型的區域性「地基主」。

（二）原住民祖靈，成為區域性「地基主」

臺灣民間也有人將原住民及其祖靈，當作是區域性「地基主」
來祭祀，黃旺成等編纂的《新竹縣志》就有這樣的記載：

> 其他有「地基主」，原是開拓房基之人，大部分山胞。因
> 不滿住屋被侵，憂憤而死，甚至有被殺戮者。致因魂不散，
> 守住房屋，即被認為地基主。[16]

會產生這樣的信仰轉化，一方面是基於感念與尊重原住民是臺灣
這塊土地的擁有者；另一方面則是為了安撫原住民祖靈，讓漢人
的拓墾行為能平安順利。這種將原住民祖靈視為區域性「地基主」
的做法，在阿里山地區時常見到，如：阿里山奮起湖火車站鐵道
旁「地基主祠」、阿里山山美社區往達娜伊谷路旁「地基主祠」

---

[15] 臺南縣學甲鎮中洲地區，為紀念開臺祖陳一桂所建立的陳姓大宗祠即
　　是。

[16] 黃旺成等編纂《新竹縣志》，頁44，新竹縣政府，1976年。

等，都是屬於上述因素所成的區域性「地基主」。

（三）孤魂厲鬼，成為區域性「地基主」

原本應該歸屬於「有應公」信仰的無祀孤魂厲鬼，臺灣民間也有人將祂們當作是聚落、庄頭或農田、山林的「地基主」。這一類區域性「地基主」的形成因素，可以細分為以下三種。

1.因意外死於當地而陰魂不散，居民建祠供奉並稱之為「地基主」

早期臺灣民間常有一些因意外或生病等原因，而死於它鄉的流浪者，當地居民不忍心亡者骨骸暴露，大都會聘請專人撿骨裝甕並搭建草寮安置供奉，以待其親人來迎回安葬。不過這種等待大多是無疾而終，而當地居民也習以為常，但為了求取地方上的平安，一般都會在年節時加以祭祀，並稱呼為「地基主」。高雄縣燕巢鄉尖山村尖山巷「尖山太祖公廟」旁（尖山產業道路往北果園旁）的「地基主祠」，就是因為早期當地居民為安置無主的「金斗甕」所建造而成，初期以簡單的茅草搭建，現今已改建為「三片壁」的水泥建築[17]。

2.埋葬於當地者，因靈魂不滅長期修行而自稱「地基主」

一般人認為，人死後若是得到「地理」，便能吸收天地精華之氣加以修行，假以時日就能增加自身靈魂的能量，成為雄霸一方的鬼神，接受地方百姓的供奉。臺南縣新化鎮那菝林（臺南醫院新化分院往東 50 公尺處）王將軍廟旁大樹下的「地基主廟仔」，所供奉的就是埋在當地農田的無嗣孤魂，因長期在地下潛修而有能力，後來經農民耕作整地時不慎被挖出，進而裝甕供奉於大樹

---

[17] 筆者於民國九十三年十月十六日田調訪問廟旁果園地主所得資料。

下，附近的居民以「地基主」稱呼之[18]。

　　3.陰魂厲鬼據地為王，居民建廟奉祀並尊稱為「地基主」

　　就民間傳統陰、陽觀念而言，土地具有陰與陽雙重性質。土地不僅是陽世「活人」的生活使用空間，也是陰間「死靈」活動或駐足的地方，「陽世人」與「陰間靈」同時享有土地的所有權。換句話說，在人們所生活使用的土地上，有可能也會聚集許多的孤魂厲鬼，祂們據地為王變成「陰魂地主」[19]而有別於「陽間地主」。一般居民為了求取身家的平安，避免遭受「無形」的惡意騷擾，通常會在戶外選擇適合的地點，搭建簡單的小祠加以供奉，並稱呼這些「陰魂地主」為「地基主」。臺北縣三芝鄉北新莊路旁「三姓公廟」所奉祀的「張、陳、林地基主」[20]，以及許厝、中寮等庄社的「地基主祠」[21]，都是屬於這一類型的區域性「地基主」。

　　嚴格來說，上述三種因素所形成的區域性「地基主」，其祀神性質與「有應公」信仰大致相同，其用意都是在於安撫無人祭祀的孤魂厲鬼，使能有立足之地並獲得香火。然而民間不以「百姓公」、「萬善公」、「萬聖公」等慣用的名號來稱呼，反而以「地基主」名號來替代，筆者認為應該是地方居民認知上的差異，把這些據地為王的孤魂厲鬼當成是土地陰間的地主。雖然這樣的

---

[18] 王朝賜先生資料提供。

[19] 廖倫光編纂《臺北縣汀州客家宗祠與聚落關係調查研究》，頁54，臺北縣政府文化局，2003年。

[20] 小基隆文史工作室〈佑我斯土－土地公（二）〉，《三芝鄉立圖書館讀者簡訊》第九期。

[21] 廖倫光編纂《臺北縣汀州客家宗祠與聚落關係調查研究》，頁55，臺北縣政府文化局，2003年。

稱謂不一樣，但是卻無法改變其「無祀孤魂」的祭祀本質，畢竟一個信仰的形成與轉化，是長時間社會風俗的累積，只要有一定的發展脈絡可循，並不會因為外在名稱的不同而模糊原本的信仰性質。否則，同樣性質的祀神，民間只要多換幾個不一樣的稱呼，就有可能會產生出許多不同的祭祀說法，這對民間信仰研究而言，非但沒有幫助，還可能造成更多的誤導，相當不妥。

（四）讓（捐）地建廟，世人感念其功德，成為區域性「地基主」

此種因素所形成的區域性「地基主」可分為兩類，第一種是生前獻出自己所擁有的土地，提供地方建立公眾的信仰中心，如湖口三元宮三官大帝廟內左廂房所奉祀的「地基主」，就是供奉當年（日治大正三年，西元 1914 年）捐獻廟地地主的長生祿位，一是「廟基施主紳員羅朝昇諱志旺長生祿位」，一是「地基施主羅公諱如嚴之祿位」[22]。

第二種就是「陰魂」讓出自己所佔據之地理，供神明建廟之用，因而受封為「地基主」同享萬年香火。高雄縣路竹鄉頂寮村三公宮廟內白虎邊所配祀的「地基主」，就是基於上述因素所設置。根據三公宮主任委員蘇玉田先生描述，本廟部分地基原本是無祀孤魂之墓地，民國六十三年廟宇重建整地時挖到骨骸，經廟內主神觀音佛祖指示，請「土公仔」檢骨整理裝甕後，送往靈骨塔安置，並於廟內右側神龕設置「地基主」神位供奉，以答謝該陰魂讓地基供三公宮建設之情[23]。

如同路竹鄉三公宮廟「地基主」一樣，嘉義縣大林鎮坪林里

---

[22] 卓克華《從寺廟發現歷史》，頁315，揚智文化，2003年。
[23] 民國九十三年十月三日筆者田調所得資料。

下潭底二十六之一號簡姓民宅旁的「開基樊地基主祠」，也是因讓地供神明建廟而獲得地方百姓建祠供奉。根據廟旁民宅八十歲簡姓老者的說法，當地庄廟朝聖宮所在之土地原屬於樊姓姑婆所有，朝聖宮主神中壇元帥取得其土地使用權後，在此奠基建立萬年寶蓋，而眾弟子為感念樊姑婆讓地蓋廟之功，便搭建「地基主廟」加以奉祀，並尊稱為「開基樊祖地基祖」。本廟原本位於朝聖宮對面，後來因為馬路擴寬而遷移現今位置[24]。

（五）生前有功於地方，後人感念其功德，成為區域性「地基主」

臺灣民間也有居民把對地方開發有功之人，當作是「地基主」來奉祀，並且將祂「神格化」，雕塑金身來膜拜。臺南市北區文成里文成路一二八號的「安聖宮地基主廟」，以及臺南市中區民權路二段八十九號北極殿後殿右側廂房所供奉的「地基主」[25]，都是屬於此種因素所形成。前者「地基主」在世時姓江，因對地方開墾建設有功，辭世後私人奉為神祇，之後神威顯赫，頗有靈感，當地居民為其建廟並乞得臺南市天公廟玉皇大帝之敕封為「地基主」，成為地方的守護神。後者所拜之「地基主」，其真正身分應該是朱王爺鄭成功。根據廟方管理委員會秘書劉樑榮先生敘述，上帝廟是鄭成功來臺時所建立，鄭氏去世之後，地方居民為感念其恩德，於廟內塑像供奉。明鄭滅亡後，清政府統治臺灣，地方居民對祭祀鄭成功之事不敢過於明目張膽，因而改以「地基主」稱之。此乃基於上帝廟為鄭氏所擇地建立，相對於當時的土地制度而言，鄭氏就是廟地地基之主，所以稱其為「地基主」

---

[24] 徐正武先生協助田調所得之資料。
[25] 筆者民國九十二年八月十四日田調所得資料。

也不為過。自此北極殿「地基主祠」就有明拜「地基主」，暗拜鄭成功之說。久而久之，朱王爺鄭成功就被當成是「地基主」來膜拜。

（六）動物修練成精，成為區域性「地基主」

在傳統民間信仰觀念中，不管「地基主」的起源為何，通常都會把祂歸類為「靈魂崇拜」，當作是「人」死後的靈魂。換句話說，不管是地方的「開基地主」或是土地的「先住者」、「所有者」所形成的「地基主」，還是後來因孤魂厲鬼佔據土地變成「陰魂地主」而形成的「地基主」，基本上祂們都是由「人」死後所轉化而成的。

不過這樣的見解卻有例外，高雄縣梓官鄉赤崁北路一二七巷路旁「地基主祠」中所供奉的「地基主」卻是牛的靈魂，居民稱之為「牛王地基主」。根據《高雄縣民間信仰》書中記載，本廟「地基主」是當地殺牛後，牛骨成堆，眾牛靈陰魂不散受奉祀而自稱「地基主」，是半漁半農的「討海人」（漁民）所信奉[26]。

區域性「地基主」信仰的產生，意味著「地基主」也如同村落土地公信仰一樣，有了公眾性的祭祀圈，村落的居民除了可以在家裡祭拜「地基主」外，也能選擇到鄰近的「地基主祠」祭祀。而原本以家宅為信仰基礎的「地基主」，經由「地祇化」與「公共化」的角色調適，逐漸產生了積極呈現社會建構與領域整合的作用[27]，這種因區域整合及社會重組所產生的祭拜觀念轉化，對

---

[26] 林美容《高雄縣民間信仰》，頁120~122，高雄縣政府，1997年。

[27] 廖倫光編纂《臺北縣汀州客家宗祠與聚落關係調查研究》，頁55，臺北縣政府文化局，2003年。

傳統「地基主」信仰而言，是一項重大的改變。

二、「地基主」祠廟的建立

「地基主」專祀祠廟的建立，是區域性「地基主」信仰產生最重要的指標。一般來說，以家宅為主要祭祀場所的「地基主」信仰，不論是從其神格、職司或是所管轄的區域來看，是不必要，也不可能會有所謂的專祀祠廟。但是，事實上卻不然，區域性「地基主」信仰產生後，「地基主」的祭祀場所也由家宅擴展到戶外的土地，再加上其祀神性質大都是屬於孤魂厲鬼的「靈魂」崇拜，一般人也不希望引入家宅內祭祀，但是也不能加以得罪，因此最好的方式就是為其找個棲身安息之所，而建立一座人人都可以祭拜的區域性「地基主」祠廟，正是最好的解決之道。

根據文獻資料記載以及筆者實際田野調查所得，目前臺灣民間確實有為數不少的專祀或祭祀「地基主」的祠廟，例如《臺灣歲時小百科》書中談到：

> 在高雄田寮鄉、六龜鄉和屏東等地，則有專祀地基主小祠。[28]

學者林美容在其所編纂的《高雄縣民間信仰》一書中也提到，田寮鄉往崗山頭的山腳下、梓官鄉赤崁北路旁、燕巢鄉過鞍仔悟光寺附近山邊等地方，都有專祀地基主的小祠[29]。此外，廖倫光先生在臺北縣汀州客家宗祠與聚落關係的調查研究過程中也發現，當地的客家特別偏好位在路旁或是坡坎上的「地基主」之類

---

[28] 劉還月《臺灣歲時小百科》下冊，頁677，臺原出版社，1989年。
[29] 林美容《高雄縣民間信仰》，頁80~177，高雄縣政府，1997年。

的信仰對象，這種特殊且普遍風行的「地基主廟仔」，分布在散居漸至族群的各種聚落空間領域裡，如：許厝、內崁仔腳、木屐寮、橫山、尖鹿、泉州厝、三空泉、錫板、石頭厝、忠寮、後寮、店子等庄社，是最具地方特色的陰鬼信仰[30]。

臺灣民間相關祭祀「地基主」的祠廟，因各地風俗及居民的認知差異，呈現出不一樣的面貌，不論是外觀、內部或是所在位置都不盡相同。以下是筆者所做的歸納分析：

（一）專祀「地基主」的小祠

所謂的小祠指的是類似一般的小土地公廟或有應公廟，這一類的小祠佔地小者不到一坪，大者不過數坪，大都沒有廟門，民間俗稱此為「小廟仔」，有別於一般的廟宇。而專祀「地基主」的小祠，就是以「地基主」為主要的祭祀對象，沒有配祀其它的神祇。這一類的「地基主祠」就其所在位置與四周環境的關係，又可以分為以下幾種型態。

1.個別獨立的「地基主祠」

基於「地基主」具有類似「有應公」性質之信仰，屬於無祀孤魂厲鬼的祭拜，因此臺灣民間有些地方將「地基主祠」視為陰祠，並且設置在比較偏僻不顯眼的地方，如山坡平坦處、樹林或田邊的閒地、聚落外的空地或路旁等。這一類的「地基主祠」平時大都沒有甚麼香火，加上居民將其視為陰祠，不到祭拜的時間，也不會隨意靠近，所以看起來冷冷清清的，有的甚至被雜草所淹沒，如果沒有熟人帶領，一時之間大概無法切確的找到所在

[30] 廖倫光編纂《臺北縣汀州客家宗祠與聚落關係調查研究》，頁54~55，臺北縣政府文化局，2003年。

位置。高雄縣田寮鄉三和村茄苳湖「地基主祠」、田寮村擺東「地基主祠」[31]，臺南縣白河鎮六重溪水湖「地基主祠」，臺北縣三芝鄉許厝「西方地主陰魂」[32]石祠等，都是屬於上述類型。

2.「地基主祠」與聚落為鄰

民間也有些地方的「地基主祠」是位於聚落內，與一般民居為鄰。這些地方的「地基主祠」，通常被當地居民當作是「開基地基主」來供奉，每當歲時節慶時，附近住戶都會準備供品及金銀紙錢祭祀，祈求居住平安。高雄縣旗山鎮鼓山下上孔廟車道旁，供奉「高公、陳媽」牌位的「地基主祠」，臺南縣白河鎮草店里七十九號，施姓家族所祭祀的「地基主祠」，雲林縣北港鎮劉厝里「劉開基地基主祠」等皆屬之。

3.「地基主祠」與一般祠廟為鄰

「地基主祠」除了自成一家，個別獨立存在外，也有與其它祠廟為鄰，互為依靠，最常見的有以下幾種情形。

(1)與土地公廟（祠）為鄰

就是在「地基主祠」旁還建有土地公廟，這種情形在阿里山地區最常見。如：阿里山奮起湖火車鐵道附近、奮起湖糕仔崁古道入口處、近達娜伊谷路邊山坡等地，都可以在「地基主祠」旁見到土地公廟（祠）。

(2)與太祖公廟為鄰

在高雄縣平埔族活動的區域內，有些地方能見到「地基主祠」

---

[31] 簡炯仁《高雄縣岡山地區的開發與族群關係》，頁 135~136，行政院文化建設委員會，2002。

[32] 廖倫光編纂《臺北縣汀州客家宗祠與聚落關係調查研究》，頁 56，臺北縣政府文化局，2003 年。

與太祖公廟為鄰，共同接受當地居民的膜拜。例如：燕巢鄉尖山村尖山巷（尖山產業道路往北）以及旗山鎮中寮里烏山頂上，兩地的「地基主祠」旁都有一座太祖公廟[33]。

(3)與一般廟宇為鄰

　　除了上述兩種型態外，臺灣民間少數地區在一般廟宇（庄廟或角頭廟）旁也設有「地基主祠」，一同接受信徒的祭拜。這種廟宇和「地基主祠」並立的情形，在高雄縣田寮鄉南安村的五王宮、嘉義縣大林鎮大潭底的朝聖宮以及臺中市南區合作街的城隍廟等，都可以見到。

（二）「地基主」與其它神祇同祀一祠

　　此種情形是指在祠內除了祭祀「地基主」外，還一並祭祀其它的神祇，例如土地公、有應公等。臺南縣龍崎鄉新市子一百零八號住家前面的「地基主祠」，就一同供奉「地基主」和土地公；臺北縣三芝鄉中洲「地基主祠」內，也書寫石觀音的名號，與「地基主」共享居民香火。

（三）以「地基主」為主神的廟宇

　　所謂廟宇就是供奉神佛或祖宗的地方。不過，在帝制時代結束後，皇家奉祀祖先的宗廟已不復見，加上民間各姓共同祭祀祖先牌位的地方，通常稱為祠堂或宗祠，所以現今一般人習慣把供奉神佛的地方稱為廟宇。目前臺灣民間的廟宇，大致上可以區分為公廟和私廟。公廟就是聚落居民的信仰中心，由廟宇所轄區域

---

[33] 簡炯仁《高雄縣岡山地區的開發與族群關係》，頁 41，行政院文化建設委員會，2002。

之信眾，共同鳩資興建完成，其管理組織成員一般多是地方人士。私廟則是由私人集資興建，專供個人或某些有特殊需求的信徒，祭拜、請益或修行的地方。然而，不論是公廟或是私廟，廟內所奉祀的主神，大多數是一般民間常祀的神祇，少部分則是區域性的罕見祀神，其中以「地基主」為主神並配祀其它神明者，更是少見。目前筆者所知，臺南市北區文成里文成路一二八號安聖宮，以及嘉義縣太保市新埤「洪地基主公廟」，就是以「地基主」為主神，並雕刻神像膜拜。巧的是，這兩間廟宇所配祀的神明都是土地公和中壇元帥（三太子）。

（四）配祀「地基主」的廟宇

　　一般民間廟宇除了奉祀主神外，通常也會依照祀神慣例[34]、地方需求或神明指示，配祀其它的神祇。此外，也有一些地方上的公廟，會將當地小區域公祀或民家私祀的神祇，納入廟中成為配祀，共享萬年香火。而所有神明中最常被當作配祀神者，以註生娘娘和土地公（福德正神）居多，這大概是因為福德正神是掌理土地財富之神，而註生娘娘則是掌理生育安產之神，二者神格雖然不高，但是卻是民間信仰裏庶民心中最重要的神明[35]。

　　民間廟宇的配祀神，除了為數較多的註生娘娘和土地公（福德正神）外，其祀神種類和名稱，多的讓人無法清楚辨別，甚至有一些不乏是罕見的神祇，當然「地基主」也包括在內，令人感

---

[34] 如主祀玉皇大帝的廟宇，通常會在左右兩側配祀南、北斗星君；主祀釋迦佛祖的寺廟，通常會在左右兩側配祀文殊菩薩、普賢菩薩。

[35] 戴文鋒〈考察漁村文化及廟宇建築〉《九十一年度南區中小學鄉土藝文研習會論文集》，頁 7~14，國立臺南師範學院鄉土研究所，2002 年。

到十分奇特。根據筆者所收集的資料，高雄縣路竹鄉頂寮村的三公宮就是將「地基主」奉為配祀神，與廟內主神共享萬年香火。

　　高雄縣路竹鄉三公宮主祀觀音佛祖，同祀魏府三公、李、池、朱三府千歲，廟內青龍邊配祀天上聖母，白虎邊配祀「地基主」神位。三公宮之所以會配祀「地基主」是主神觀音佛祖所指示，目的是為了感謝其讓地基供三公宮建廟之情。

（五）旁祀「地基主」的廟宇

　　所謂旁祀指的是依附在廟宇，一同接受供奉的神明。例如《臺灣通史》書中記載：

> 慈天宮：在竹北一堡北埔莊。先是金廣福設隘墾田，嘗祈神佑，至咸豐三年乃建廟，中祀釋迦，配以天上聖母、神農大帝、文昌帝君、三山國王諸神，而旁祀淡水同知李嗣業、懇首姜秀鑾、姜榮華三人。同治十三年修。[36]

一般來說，旁祀神明有別於主神、同祀神或配祀神，是因應信仰需求或地方民情而再額外祀奉的，因此大都供奉於廟宇前後兩側的廂房，不供奉於前後主殿內。

　　民間旁祀「地基主」的廟宇並不多，筆者目前發現三間，一間是臺南市中區民權路的北極殿，另一間是新竹縣湖口鄉湖口老街的三元宮，最後一間是臺中市南區合作街城隍廟。

　　臺南市中區民權路北極殿主祀北極玄天上帝、後殿主祀觀世音菩薩，後殿左側廂房旁祀註生娘娘，右側廂房旁祀「地基主」

---

[36] 連橫《臺灣通史》，卷二十二〈宗教志〉，頁594，眾文圖書，1994年。

和福德正神神像。根據廟方的說法，北極殿是明拜「地基主」，暗拜鄭成功，所以此尊「地基主」神像就是鄭成功的化身。

　　新竹縣湖口鄉湖口老街的三元宮主祀天、地、水三官大帝，廟內左廂旁祀「地基主」神位，即當年（日治大正三年，西元 1914 年）捐獻廟地地主的長生祿位，一是「廟基施主紳員羅朝昇諱志旺長生祿位」，一是「地基施主羅公諱如嚴之祿位」[37]。

　　臺中市南區合作街城隍廟主祀城隍爺，民國七十年左右，廟方在廟前廣場右側增祀泰式廟宇造型的「地基主」，相當特殊。

三、地基主具象化

　　一般來說，臺灣民間家庭所祭祀的「地基主」大都沒有神位或神像，也看不到象徵性的器物，周到一點的住家則會仿照祭拜灶神的方式，以紅紙書寫「地基主」的名號，貼於住宅內屋角處，不過這畢竟是少數[38]。然而在區域性「地基主」信仰產生後，奉祀「地基主」的祠廟陸續在各地建立，自此「地基主」由原本家庭祭祀的「無象」，轉變成有象徵性器物可供膜拜的「具象」，各種不同款式的「地基主」造型，也因應而生，令人感到相當特別。以下是筆者綜合各地田野調查見到的「地基主」殊相（請參考表 3-1），所做的歸納分析。

（一）原型的「地基主」

　　所謂的原型「地基主」，就是在「地基主祠」內除了香爐、

---

[37] 卓克華《從寺廟發現歷史》，頁315，揚智文化，2003年。

[38] 劉環月《臺灣歲時小百科》下冊，頁677，臺原出版社，1989年。

酒杯等簡單的祭祀用品外，看不到任何代表「地基主」的器物[39]。通常若是沒有熟悉的居民指點，一般都會誤認為是土地公廟。因此有些地方為了方便當地民眾的認知，會在祠內中央的牆壁上直接書寫或張貼「地基主」的名號。例如：臺南縣龍崎鄉新市子一百零八號住家前面的「地基主祠」，就是將「地基主」名號直接書寫於中央牆壁上；臺南縣白河鎮草店里一帶的「地基主祠」則是以紅紙書寫「地基主」名號張貼於內部牆壁上[40]。

（二）牌位造型的「地基主」

在民間相關祭祀「地基主」的祠廟中，牌位造型的「地基主」是最常見到，其材質及擺設方式可以分為下列幾種。

1.相框牌位

就是在四方紅紙上書寫「地基主」名號，再裱以相框置於神桌上，作為信眾膜拜的對象。這種比較簡單造型的牌位「地基主」，在臺南縣白河鎮六重溪水湖（往關子嶺土地公廟－福安宮方向）路旁的「地基主祠」內可以見到。

2.石製牌位

石製牌位造型的「地基主」是目前最常見到，其型式就是在石板或石碑上面，刻上「地基主」的名號，放置在祠內供人祭拜。石板的材質大多是以大理石或花崗石為主，會使用這種石材者，通常是後期才改建或新建；石碑的材質種類較多，大抵上是屬於硬度較高，較不容易風化的岩石，當然也有地方直接用水泥砌

---

[39] 高雄縣田寮鄉一帶多是如此。例如：田寮鄉崇德村北勢宅「地基主祠」即是。

[40] 筆者九十三年七月三十一日實際田野調查所得資料。

成。至於擺設的方式，石板牌位大都鑲崁在廟內中央牆壁上，有的凹入與壁面切齊，有的則凸出於牆壁上；石碑牌位則是豎立於地面上，若是祠內空間較大設有供桌，則豎立於供桌之上。前者可以嘉義縣大林鎮坪林里下潭底二十六之一號簡姓民宅旁的「開基樊地基主祠」（牌位與壁面切齊），以及高雄縣燕巢鄉尖山村尖山巷「尖山太祖公廟」旁的「地基主祠」（牌位凸出壁面）為代表。後者則以嘉義縣阿里山奮起湖糕仔坎古道入口處土地廟旁「地基主祠」（牌位豎立於地面上），以及高雄縣旗山鎮鼓山下上孔廟車道旁，供奉「高公、陳媽」牌位的「地基主祠」（牌位豎立於供桌上）為代表。

　　3.木製牌位

　　木製牌位造型的「地基主」比較少見，目前筆者總共發現二處，而且都是位居配祀地位。一處是在高雄縣路竹鄉頂寮村的三公宮，另一處是在新竹縣湖口鄉湖口老街的三元宮。三公宮廟內白虎邊配祀「地基主」，三元宮則配祀在廟內左廂。

（三）金斗甕造型的「地基主」

　　所謂有金斗甕造型的「地基主」，就是在「地基主祠」內擺設裝有骨骸的金斗甕來代表「地基主」，供信徒膜拜。此種造型的「地基主」其祀神性質與「有應公」信仰大致相同，其用意都是在於安撫無人祭祀的孤魂厲鬼，使能有立足之地並獲得香火。

　　民間金斗甕造型的「地基主」並不多見，因為只要是供奉金斗甕的話，一般都會被歸類為有應公信仰，甚少被稱呼為「地基主」。而供奉金斗甕作為「地基主」的小祠，目前筆者知道的有三處，一處是在臺南縣新化鎮那菝林（臺南醫院新化分院往東50公尺處）王將軍廟旁大樹下的「地基主廟仔」，一處是在高雄縣

燕巢鄉尖山村尖山巷「尖山太祖公廟」旁（尖山產業道路往北果園旁）的「地基主祠」，最後一處是在高雄縣旗山鎮中寮里中寮舊庄沿〔高 41〕與〔高 40〕交會處約一、二百公尺處左邊山崖上，由太祖公廟加蓋延伸的「地基主廟仔」[41]。

臺南縣新化鎮那菝林王將軍廟旁大樹下的「地基主廟仔」，所供奉的就是埋在當地農田的無嗣孤魂，因長期在地下潛修而有能力，後來經農民耕作整地時不慎被挖出，進而裝甕供奉於大樹下，附近的居民以「地基主」稱呼之[42]。

高雄縣燕巢鄉尖山村尖山巷「尖山太祖公廟」旁（尖山產業道路往北果園旁）的「地基主祠」，就是因為早期當地居民為安置無主的「金斗甕」所建造而成，初期以簡單的茅草搭建，現今已改建為「三片壁」的水泥建築，並在廟內中央牆壁上鑲上大理石刻的「地基主」牌位[43]。

高雄縣旗山鎮中寮里中寮舊庄沿〔高 41〕與〔高 40〕交會處約一、二百公尺處左邊山崖上，由太祖公廟加蓋延伸的「地基主廟仔」，二者中央相隔一面牆，佔地面積不及半坪。廟內神龕中間放置一個與太祖廟大小相同並加蓋的「太祖甕」，左右兩側各放置一個大小相同卻未加蓋的甕，內放零碎的遺骸；神龕外左側靠牆處也放置一個與太祖廟內相同的「金斗」[44]。

---

[41] 簡炯仁《高雄縣岡山地區的開發與族群關係》，頁 43，行政院文化建設委員會，2002 年。

[42] 王朝賜先生資料提供。

[43] 筆者於民國九十三年十月十六日田調訪問廟旁果園地主所得資料。

[44] 簡炯仁《高雄縣岡山地區的開發與族群關係》，頁 43，行政院文化建設委員會，2002 年。

（四）神像造型的「地基主」

就是將「地基主」偶像化，當成是通俗的民間信仰神明來膜拜。學者李亦園認為神像的有無是神鬼區分的標準，他論道：

> 成為神者就必須塑成偶像而供奉之，所以稱為「神像」。
> 而祖先只是鬼的一種，因此不能塑像，只能製成牌位供
> 奉，同樣的，一般未達神格的鬼廟，如臺灣鄉間所常看到
> 的如有應公、萬靈公、「好兄弟」（無主的白骨）等等，
> 都不能塑神像，只能有牌位，或寫在廟牆上，甚至拜一個
> 骨灰罐而已，這也就是在臺灣民間信仰的寺廟中有所謂
> 「陰廟」與「陽廟」的分別。[45]

不過，依照祀神性質而言，不論是由「先住者亡魂」或是「陰間善魂」所轉化的「地基主」，其本質還是「鬼魂」，與民間「有應公」信仰相類似，因此若是根據李亦園先生的解釋，理論上是不可能成神的。但是，事實上民間有關「有應公」之類的無祀孤魂信仰，其塑像供人膜拜的情形卻是普遍存在。也就是說，原本是「鬼格」的「有應公」信仰，往往因為與當地人們的互動，進而有所謂的靈異或靈驗事蹟，而產生了新的意義[46]，並經由民俗宗教儀式[47]或透過「神諭」[48]的傳達，以及在居民的認同下，轉

---

[45] 李亦園〈中國人信什麼教？〉《宗教與神話論集》，頁182，立緒文化，1998年。

[46] 王志宇〈臺灣民間信仰的鬼神觀－以聖賢堂系列鸞書為中心的探討〉，頁121，《逢甲人文社會學報》第七期，2003年。

[47] 如擺設香案祭天，請求天帝敕封，或依附庄廟、區域性大廟，請得上神給與名號。

而具有「神格」，成為保衛地方、護佑百姓的蔭地神祇。同樣的，民間有人會為「地基主」塑像，也是基於在其神異能力的展現下，受到感應而有所回應。所不同的是，轉化為「神格」的「有應公」，其封號大都變為「元帥」、「將軍」、「公」、「爺」、「姑娘」、「媽」等，而晉升「神格」的「地基主」，其封號卻仍舊維持原有的稱呼，沒有再另行敕封其它的名號。

臺灣民間神像造型的「地基主」，數量到底有多少，目前還沒有人統計過，筆者迄今也只發現五處，分別是臺南市中區民權路北極殿後殿右廂「地基主祠」、臺南市北區文成里文成路一二八號安聖宮、嘉義縣太保市新埤「洪地基主公廟」、嘉義市東區朝陽街四十九巷底的「春圃地基主祠」以及南投縣竹山鎮桂林里地神府[49]。此五處中，前者位居配祀地位，並且與土地公同祀一祠；後四者則居於主祀地位，其中安聖宮、「洪地基主公廟」、「春圃地基主祠」還是地方上的「角頭廟」，有專責的管理委員會，遇到「神明生」時除了會聘請戲班演戲為其慶祝外，有時還會舉辦繞境儀式，保佑境內居民平安順利[50]。

（五）圖畫造型的「地基主」

所謂圖畫造型的「地基主」，就是將「地基主」的圖像直接彩繪於供桌後方牆壁，供信眾祭拜。此種造型的「地基主」目前筆者僅找到一間，即位於高雄縣梓官鄉赤崁北路一二七巷路旁的

---

[48] 通常是透過庄廟神明或「有應公」自身降乩指示。

[49] 王志宇〈臺灣的無祀孤魂信仰新論－以竹山地區祠廟為中心的探討〉，頁90，《逢甲人文社會學報》第六期，2003年。

[50] 詳見九十二年九月八日中華日報南市新聞－小北安聖宮慶「地基主」聖誕繞境，市長贈匾。

「地基主祠」，其所供奉的「地基主」是由牛的靈魂所轉化而成
的，當地居民稱為「牛王地基主」[51]。本祠在內部供桌後方的牆
壁上彩繪牛王的圖像，其長相與古人相差不多，長鬚被頭散髮，
左手持劍，右手持令旗，所不同的是人頭上長著一對牛角，雙腿
底下各自連接著牛蹄，造型相當奇特[52]。

（六）泰式造型的「地基主」

除了上述造型的「地基主」外，臺中市南區合作街城隍廟前
廣場右側有一座泰國式的「地基主」。本座「地基主」為┳型的
立體石柱，石柱上方平臺放置一座小型的泰式廟宇建築模型，柱
身刻有「本境地基主神」六個字，柱體四周則以鐵欄杆包圍保護，
整體高度約一公尺半左右。

臺中市南區合作街城隍廟前泰式造型的「地基主」，是旅居
泰國的信徒所捐贈的。根據廟方主持林先生的口述，二十多年前
（約民國七十年左右），有一位在泰國經商的信徒贈送城隍廟一
座泰式廟宇的建築模型，起初廟方也不知道該如何處置，後來在
城隍爺的指示下，就把它當成本境的「地基主」來供奉祭拜[53]。
其實城隍廟「地基主」的泰式廟宇建築造型，在泰國馬路旁時常
見到，當地人把它當作是奉祀土地神祇的地方[54]，如同本地路旁
的小土地公廟一樣，因此城隍廟把它當成「地基主」來祭拜，也
算是適得其所，更突顯出民間信仰的多元豐富與包容。

---

[51] 林美容《高雄縣民間信仰》，頁120~122，高雄縣政府，1997年。
[52] 筆者九十二年十月三日田野調查所得資料。
[53] 筆者九十二年八月三日田野調查所得資料。
[54] 筆者旅遊泰國時詢問當地導遊所得資料。

　　城隍廟「地基主」安座後，就顯得非常靈驗。附近一些熱心的商家告訴筆者，「九二一」地震以後中部地區的房地產業非常低迷，許多房子賣不掉的建商，都來求助「地基主」公，期望能順利的完成交易。後來有一些建商如願的將房子賣掉，不但準備牲醴、素果、金銀紙錢來答謝，有的甚至還聘請戲班演戲大肆慶祝，最熱鬧時整個廣場到處都是牲醴、供品，一時之間「地基主」公的威名傳遍整個臺中地區。

表 3-1：「地基主」殊相一覽表

地基主殊像	造型特徵	代表性祠廟	備註
原型	內部無代表性器物或直接於牆上書寫地基主	高雄縣田寮鄉、臺南縣白河鎮草店里一帶的「地基主」祠	
牌位造型	相框式牌位	臺南縣白河鎮六重溪水湖「地基主祠」	
	石製牌位	高雄縣旗山鎮鼓山下上孔廟車道旁「地基主祠」	
	木製牌位	高雄縣路竹鄉頂寮村的三公宮	
神像造型	將「地基主」偶像化，塑像供人膜拜	嘉義縣太保市新埤「洪地基主公廟」	
圖像造型	將「地基主」的圖像直接彩繪於供桌後方牆壁	高雄縣梓官鄉赤崁北路一二七巷路旁「地基主祠」	
泰式造型	Ｔ型的立體石柱上，放置一座小型的泰式廟宇建築模型	臺中市南區合作街城隍廟前廣場	

資料來源：筆者自行整理

第三節　目的之轉化

一、由敬謝到求應

在臺灣傳統民間信仰祭祀活動中，不論是集體性或是個人性的祭拜，大都會有特定的目的，這些相關祭祀的目的若是加以分類，大致上可以區分為下列五種。

（一）表示敬意

就是在農曆每月的初一、十五朔望之日或「神明生」、「佛祖生」時，準備供品前往祭拜，表達內心虔誠的敬意。

（二）答謝恩情

因為所求之事產生感應而達到目的，專程準備供品祭拜還願，答謝諸神佛庇祐之恩情。

（三）謝罪消業

民間俗信人會因為前世因果的關係而導致今生帶來業障，因此必須透過各種宗教儀式如：向神明認罪懺悔、參加法會、持經咒迴向冤親債主等，以及行善佈施來消除罪業。其中向神明認罪懺悔的方法如：每年農曆五月十三日城隍祭以及每三年一次的西港王船祭時，表示服罪，帶上紙製的枷鎖；東港東隆宮的「責杖改運」儀式，由班頭手持主神溫府歲令旗並分別以長棍拍打男生屁股、以鞭條鞭打女生手心，以示所犯惡業已遭懲戒等，都是屬於謝罪消業的拜拜。

（四）避祟驅煞

即避免邪煞侵入作祟，藉神明之力量來驅逐防範，以達到個人或家居的平安順利。例如：每年農曆年初的安太歲或過七星平安橋，來趨吉避凶；農村歲末的祭送火神儀式，避免火神肆虐發生火災；民間在修建房屋、灶廚及坟墓等時，聽從巫覡風水之說，避開沖煞或不好的方位、時辰，這些都是屬於避祟驅煞的拜拜。

（五）祈求請示

祈求請示是民間拜拜的普遍現象，前途略有不明之事，必先問神佛。例如：求子、求姻緣、求功名利祿、治病或運途求籤、求國泰民安風調雨順等，無所不求，此乃一般階層通俗的現象。[55]

「地基主」原本是為尊敬、感謝房屋所在土地陰間地主，所產生的一種祭祀風俗，因為在傳統民間信仰觀念中，人們相信土地是陰間靈和陽世人的相接點。因此，陽世的人必須透過祭拜的儀式，向陰間的土地持有人－「地基主」租借或買斷土地，使依附在土地上的陰間靈退讓而成為適合陽世人居住的地方[56]。但是演變到今日，不論是在自家或是在戶外「地基主祠」祭拜「地基主」，其祈願的性質與目的愈來愈濃厚。這種轉變可以從祭拜「地基主」時所用的祝詞，以及懸掛於「地基主祠」正方的「有求必

---

[55]　瞿海源《重修臺灣省通志》，卷三住民志〈宗教篇〉，頁 1042~1043，臺灣省文獻委員會，1992 年。

[56]　植野弘子〈臺灣漢民族の死靈と土地－謝土儀禮と地基主をめぐって〉，頁 378，《國立歷史民俗博物館研究報告》第四十一集，日本千葉縣：國立歷史民俗博物館，1992 年。

應」紅布條看出。前者如澎湖地區下基儀式時，主家祭拜「地基主」所用的祝詞中就帶有祈求「四時平安，八節有慶」、「保佑闔家平安」、「六畜興旺」、「平安大發財」[57]等目的；後者則在高雄岡山、田寮、內門、旗山一帶的「地基主祠」最為明顯，當地居民稱為「有求必應地基主」，舉凡結婚生子、新居落成、生畜產病、發財賭博等，都會前來叩求。自此「地基主」搖身一變，從護持家居土地的神靈，轉而成為有求必應的萬能之神，突顯出民眾在傳統民間信仰祀神中，除了取得某種程度上的精神寄託與關懷外，更希望能達到符合自身利益的追求。

二、由安宅到護庄

　　如本章第二節所言，臺灣民間「地基主」的祭祀主要是以家宅為單位，每戶人家個別拜自己所居住房屋的「地基主」，這是因為「地基主」所管轄的區域只限於單一家宅所在土地地基而已。然而在民間將「地基主」轉化為靈魂崇拜後，把「地基主」當作是土地開墾者或原先居住者死後的靈魂，並擴大解釋其為一切土地的所有權者，因而產生了區域性的「地基主」信仰。

　　區域性「地基主」信仰產生後，專祀「地基主」的祠廟也相繼出現，其所管轄的範圍不再是侷限於單一家宅地基而已，其功能也不只是單純的庇祐家宅平安，反倒是有點類似小地域的土地公信仰一樣，專責庇祐居民身家平安及務農經商順利。這一類的小地域「地基主」在居民賦予新的職能下，擺脫原本崇害不祥的

---

[57] 林瑩宏《由澎湖四櫸頭內之儀式行為探討住屋領域之界定》，頁30~31，中原大學建築所碩論，1996年。

陰祠性質，轉變成為兼具內保地方與外鎮四方的蔭地神祇[58]。

此外，更有「地基主」因靈感無比，庇祐黎民而有功於地方，晉升成為聚落的主神，並起蓋廟宇加以供奉。例如：臺南市北區文成里的安聖宮，以及嘉義縣太保市新埤的「洪地基主公廟」，就是以「地基主」為主神，再配祀其它神明。這兩間「地基主廟」都是地方上的公廟，設有管理委員會，遇到「地基主」或廟內其他神明生日時，都會演戲酬神，其中聖安宮有時還會藉此舉辦繞境儀式巡視所轄區域，期望透過神力來保佑境內居民平安順利[59]。

第四節　與「地基主」性質相近者之祀神

臺灣民間與「地基主」信仰相近者，而容易被混為一談的祀神有：宅神、境主公、中霤神、土地龍神、地靈公等，今說明如後。

一、宅神

臺灣民間也有人將「地基主」當作是「宅神」，張逸堂所編著的《拜出好運來－好運旺旺來》一書中就有這樣的記載：

> 地基主指的是房屋先住者或原地主，俗稱「開基主」、「宅

---

[58] 廖倫光編纂《臺北縣汀州客家宗祠與聚落關係調查研究》，頁 56，臺北縣政府文化局，2003 年。

[59] 詳見九十二年九月八日中華日報南市新聞－小北安聖宮慶「地基主」聖誕繞境，市長贈匾。

神」或「地龍公」。[60]

不過編者並未解釋民間為何會將「地基主」當作是宅神,而且民間似乎也沒有聽過把「地基主」稱為「宅神」的說法,只有將其當作是「宅基神」。至於「地基主」為何會稱為「宅基神」,學者阮昌銳在所著《莊嚴的世界》書中有以下的說明:

> 地基主,原為對房屋地基的崇拜,屬於自然神;與土地神一樣,只是範圍限於一家建物的宅基而已,故可稱之為「宅基神」。[61]

因此筆者認為上述書中將「地基主」當作是「宅神」的說法,如果不是編者弄錯或是缺漏字,就是由學者阮昌銳所提出的「宅基神」一詞,簡化而來的。

事實上,根據道教的說法,所謂的「宅神」指的是鎮守在家宅內的五方土神(將軍)以及門丞、戶尉、井、灶、伏龍、庭堂、屋吏等七神。道藏正一醮宅儀中於此有詳細的記載:

> 為某年歲月朔日某辰某州縣鄉里官位姓名僅擇吉日齋戒肅敬內外至誠淨宇清壇庶羞香潔信幣新華品物咸具謹請東方宅神青土將軍各領東方甲乙寅卯直符儀服皆青降茲東座謹請南方宅神赤土將軍各領南方丙丁巳午直符儀服皆赤降茲南座謹請西方宅神白土將軍各領西方庚辛申酉直符儀服皆白降茲西座謹請北方宅神黑土將軍各領北方

---

[60] 張逸堂編著《拜出好運來－好運旺旺來》,頁324,研智有限公司,1999年。

[61] 阮昌銳《莊嚴的世界》,頁3~16,文開出版公司,1982年。

壬癸亥子直符儀服皆黑降茲北座謹請內方宅神黃土將軍
各領內方戊己辰戌丑未直符儀服皆黃降茲內座謹請乾坤
震巽坎離艮兌四孟四仲四季歲日月時刑殺德合建厭衝對
太歲太陰大將軍門丞戶尉井灶伏龍庭堂屋吏宅內七神陰
陽官屬並依位就座領納丹誠歡侑慶樂弟子再拜謹請[62]

五方宅神五土將軍以及門丞、戶尉、井、灶、伏龍、庭堂、屋吏
等宅內七神，是負責消卻宅中災禍、招集福祿，鎮守宅宇之神。
舊時每當宅宇虛耗損財、人丁不健牲畜死失時，往往會召請法師
施以法事科儀禮敬宅神，期望透過宅中五方宅神的力量消卻禍
害、清靜屋宇，再由門丞、戶尉備衛家門、禁制百鬼前來，達到
家宅安鎮、子孫昌榮、門戶興旺之目的。

　　此外，也有人將「家神」稱為「宅神」，學者林會承就是持
此種觀點，其在〈從儀式行為看臺灣傳統建築的意義及空間觀念〉
文中提到：

　　第二種家神，家神也稱為「宅神」，源自古代天子的五神，
　　有門、戶、井、灶、中霤五神，後為民間引用之。[63]

但是，李添春先生則持不同的看法，認為所謂的「家神」是自家
所供奉的神明。其在〈臺灣住民之家神及其對神之觀念〉文中談
到：

　　臺灣住民無論其職業是士農工商，各家除了祖先以外，都

[62]　〈正一醮宅儀〉《正統道藏》，頁13172，新文豐出版社，1977年。
[63]　林會承〈從儀式行為看臺灣傳統建築的意義及空間觀念〉，頁144，《臺
　　　灣風物》39：02。

> 祀有家神。目的是祈求一家的平安，大祇安置在正廳神桌
> 上，以便朝晚禮拜。[64]

此種說法在林會承教授對「神」的分類論點中，卻被歸類為「廳
頭上的神明」[65]，有別於家宅內的五祀之神。然而，不管是「廳
頭上的神明」也好，還是門、戶、井、灶、中霤等宅祀之神，依
照民間傳統的說法，都不該被稱作為「家神」。民間所謂的「家
神」（閩南語音），其實不是神，指的是家中所奉祀的祖先[66]。
一般來說，臺灣人大都稱自己的祖先神主為「公婆」、「家神」，
稱自己家中廳頭上的神明為「佛」、「祖佛」或「祖神」，此外
亦可以尊稱他人家中的祖先神主為「家神」；至於為何會稱為「家
神」，筆者認為是對「家中神主」的尊稱。不過現今社會許多人
就「家神」的字義，將其解釋為「家中祀神」或「自家供奉之神」，
這種把「神明」當作是祖先的稱呼，讓人覺得有些不妥，應該與
予更正才是。

二、境主公

　　所謂的「境」就字義而言，指的是土地的疆界。「境」的範
圍可大可小，大者如國境、省境、縣境等；小者如一般村庄的小
型聚落。例如《臺灣府志》所載：

---

[64] 李添春〈臺灣住民之家神及其對神之觀念〉，頁9，《臺灣風物》18：02。

[65] 林會承〈從儀式行為看臺灣傳統建築的意義及空間觀念〉，頁144~145，《臺灣風物》39：02。

[66] 呂理政認為人死後為鬼，而有祀之鬼則稱祖先或家神。詳見〈禁忌與神聖：臺灣漢人鬼神信仰的兩面姓〉，頁112，《臺灣風物》39：04。

> 二月二日，各街社里逐戶斂錢宰牲演戲，賽當境土神；名
> 曰「春祈福」。……中秋，祀當境土神。[67]

一般來說，民間所謂的「境」大都是以聚落廟宇的祭祀圈為範圍，而「境主公」或「境主神」指的就是主宰廟境所在區域的神祇。例如臺南市六合境「境主」為開山王廟延平郡王鄭成功；八協境「境主」為大人廟朱、池、李三老爺等。臺灣民間「境主」信仰觀念是由大陸原鄉傳承過來的，舊時福建各地民間每一村落、境舖或道一般都奉祀一個或數個特定的神祇，作為本境的保護神，俗稱「境主」、「社公」等，也有稱「大王」者。境有境主，舖也有舖神。一般在公共場所建一小廟，內置境主神，以供民間祭祀[68]。

　　有別於上述「境主」的觀念，臺灣民間將「境主」轉化為城隍信仰，稱呼管轄縣以下的各區域土地神為「境主公」，俗稱「城隍境主」。目前流通的鸞書中就有這樣的記載：

> 城隍尊神為地方之神靈，俗稱城隍爺……省城隍為省主，縣城隍為縣主，境城隍為境主是也。[69]

持此種觀念者認為，城隍信仰會因所轄地域範圍的大小而有不同的名稱，即省稱「都城隍」；府稱「府城隍」；縣稱「縣城隍」；無城郭的市街、鄉鎮稱「境主尊王」，俗稱「境主公」；縣以下的里神別稱「土地公」；宅第四周稱「地基主」。總之，等稱雖

---

[67] 高拱乾《臺灣府志》，卷七〈風土志・歲時〉，頁191~192。

[68] 林蔚文《中國民俗大系・福建民俗》，頁302，甘肅人民出版社，2002年。

[69] 不著撰人《釋疑闡道錄（第三輯）》，頁2，臺中明正堂，1988年。

異，然職司則一，都是轄管境內的護土之神[70]。

此外，臺灣民間也有人將區域性的「地基主」當作是「境主公」。如《打狗歲時記稿》書中所言：

> 俗信：房屋地基的主人若無嗣，會作祟居住者，這就是地基主的由來，所以逢年過節要供祭品拜地基主。擴而大之的叫做境主公；田寮的五王宮屬境主公，香火鼎盛，這應屬亡靈崇拜。[71]

學者姜義鎮在《臺灣的鄉土神明》書中也提到：「境主公」性質和土地神、「地基主」相似，屬於區域神，但民間也有人認為「境主公」只守護寺廟，是寺廟的「地基主」，類似於佛寺的伽藍爺[72]。

不過就上述「境」域觀念而言，不論是小區域的里社村庄等聚落，還是大範圍的府縣，都是屬於公領域的範圍，各有各的專祀廟宇及祭祀圈；而宅第四周屬於私領域，是「家神」及五祀之神活動的範圍，其為祭祀圈境域內的組成個體，因此不能稱之為「境」，是以將「地基主」類比為「境主公」，或將「境主公」當成是區域性的「地基主」，都是非常不妥的說法。況且就「地基主」信仰性質而言，不論是由原始「磚契」符鎮法術所產生的「土地陰間所有者」的自然信仰，還是後來民間所轉化的「土地最先居主者」的靈魂信仰，都和主宰廟境所在區域的「境主」神

---

[70] 韋煙灶等合著〈新竹城隍廟巡禮〉，頁149，《地理教育》第十四期，1998年。

[71] 林曙光《打狗歲時記稿》，頁182，高雄市文獻委員會，1994年。

[72] 姜義鎮《臺灣的鄉土神明》，頁206，臺原出版社，1998年。

祇或由城隍信仰所衍生出的「城隍境主」祀神，大不相同。至於
將「境主公」當成是寺廟的「地基主」，只負責守護寺廟，此種
說法更是令人心生疑惑。一般來說，民間會在廟宇「謝土」或「安
宮」[73]儀式時安置宮公宮婆來守護廟宇，並負責打點廟內一切事
務，宮公宮婆的任務性質及重要性，我們可以從以下咒語中看出。

〈請五廟主領咒〉

召請南江五廟宮，宮公宮婆守門中，身受先師親降敕，欽
承把禁鎮法場，良辰封門可學步，晨昏考察發毫光，太上
掃塵無埃穢，喝起神兵行正罡，神鞭一打山崩倒，今掃展
開凶煞亡，吉日大啟法門開，三星拱照得道來，弟子虔誠
壇中拜，庇佑合境保平安，一心焚香專拜請，五廟主領降
臨來。神兵火急如律令。[74]

由此可知，宮公宮婆才是真正負責守護寺廟之神，而將「境主公」
降低神格當成是宮公宮婆，相當不妥。

　　臺灣民間的「境主公」本身帶有「城隍爺」神職，除管轄聚
落內的境土，也專職司法審判，唯其神格較低，故所具的司法審
判色彩不濃，不像縣境以上的城隍爺，其廟宇如同官署，從祀有
「二十四司」，城隍爺儼然是陰間的地方行政長官[75]。而「地基
主」則較為單純，只是將土地所有權賣斷提供信眾建造廟宇，讓

---

[73] 民間新建廟宇落成後，有些地方先入火安座，一週年後再進行謝土儀
　　式，也有安座後隨即進行謝土儀式，此種方式在澎湖稱為「安宮」。

[74] 黃有興、甘村吉《澎湖民間祭典儀式與應用文書》，頁241，澎湖縣文
　　化局，2003年。

[75] 戴文鋒〈考察漁村文化及廟宇建築〉《九十一年度南區中小學鄉土藝
　　文研習會論文集》，頁7~12，國立臺南師範學院鄉土研究所，2002年。

廟內神明立足於自己的土地，能得所安居並護佑合境平安。

三、中霤神

《說文》：「霤」屋流水也。水部曰瀆，霤下兒也。釋名曰中央曰中霤，古者履穴後室之霤，當今之棟下直室之中，古者霤下之室也[76]。中霤即室內中央之地，為房屋中心天窗相對應的地方。中霤神為古禮中「五祀」之神。所謂「五祀」，即祭祀門、井、床、霤、土地等五神。《禮記・曲禮下》說：「天子祭五祀。」鄭玄注：「五祀，戶、灶、中霤、門、行也。」即春祀戶，夏祀灶，季夏祀中霤，秋祀門，冬祀行。漢以後五祀中易行為井，《白虎通得論・五祀》：「五祀者，何謂也？謂門、戶、井、灶、中霤。」五祀信仰中的門、戶、井、灶諸神都有具體的庶物代表，因此還為民間所崇祀，也沒有變更任何名稱；而代表室內中央暨土地的中霤神，因為後來的學者對牠的解釋及看法不同而有不同的稱呼轉化，如：土地龍神、土地公、「地基主」等。不過就中霤本身的字義及所代表的位置而言，其性質應與社神土地相同，《禮記・郊特牲》：「家主中霤而國主社」，疏：「中霤謂土神」，中霤為家中土地之神由此可以得到應證。

四、土地龍神

土地龍神是客家人特殊的信仰，在客家族群的堂屋夥房的廳堂，必有奉祀龍神，位於中堂地面，莊重的設一神龕位安香座位。

---

[76] 漢・許慎撰，清・段玉裁注《說文解字注》，頁579，黎明文化，1990年。

其中以圍龍屋最為甚重，在半圓為屋正中設一廳堂安奉龍神，稱為「龍廳」[77]。依據學者林會承的研究，土地龍神是家神的一種，也屬於土神，其來源是由五祀信仰中的中霤神所轉化而來的，客家人改稱為「福德龍神」、「土地龍神」，或簡稱為「龍神」。而安置龍神神位時，其下方尚需埋有一顆奠基時標定方位的石塊（其周圍以六石圍繞稱為「七星石」，龍神即位於其後），而「安龍謝土」時從背後山頭做法術，順勢而下至正廳下方，顯然客家人將龍神視為住宅風水所涵蓋範圍的地神[78]。然而，土地龍神究竟是否是由中霤神所轉化而來的，尚有爭議之處，總不能因為名稱冠有「土地」、「福德」二字就認為和土地神有關，直接將祂與家宅的土地神信仰歸為同類，都當作是舊時中霤信仰的遺風。因此，筆者認為應當從「安龍」儀式來探討客家的「龍神」信仰，研究其祭祀意義與目的，如此方能找出原始的信仰風貌。

　　眾所周知的，客家「龍神」信仰源自於「安龍」儀式，那麼何謂「龍神」？何謂「安龍」。所謂的「龍神」就是龍脈之神，風水觀念中有「山管人丁、水管財」的說法，「山」就代表龍。比較注重風水的人家，會在自己房屋坐向所屬的山中，找出龍脈並將其迎回安置於家中，期盼透過家屋與山中龍脈的相接，來穩固家族根基，使家族更趨興旺，這個儀式就稱為「安龍」。其實「安龍」的儀式屬於道法的一種，其目的在於安置因土地營建而受到驚動的龍神，此種習俗閩、客皆有，只不過客家人較為慎重，

---

[77]　林美容總編纂，李允斐等著《高雄縣客家社會與文化》，頁236，高雄縣政府，1997年。

[78]　林會承〈臺灣傳統家屋中的儀式行為及其間所隱含的家屋理念與空間觀〉《賀陳詞教授七秩壽慶論文集》，頁104，詹氏書局，1990年。

還將其引入家中正廳中堂地面，設立龍神神位，早晚與祖先牌位一起接受子孫敬拜。

由上述可知，土地龍神屬於主管地理風水之神，其祀神目的在於求得住宅風水的旺盛，使能庇蔭子孫飛黃騰達、百世其昌，此與閩南人祭拜土地神的理念不同，所以不可以將客家地區「安龍」的儀式稱為是祭拜土地神[79]，自然而然的就不能再把土地龍神信仰視為中霤神的轉化。

五、地靈公

民間也有人稱呼「地基主」為地靈公。地靈公何許神也，筆者遍尋各種民俗信仰專書，都找不到其祀神由來及性質，只有在臺南縣麻豆鎮仁愛路二十九巷，林家古厝往西路旁的一間「三片壁」小廟仔見到，廟內奉祀地藏王菩薩金身以及萬聖公媽、仙姑媽、地靈公等三塊神位。就此情況，筆者推測地靈公的祀神性質應該也是屬於厲神信仰的一種，是祭拜依附在土地上的無祀孤魂，只是其名稱不同於民間常稱呼的有應公，因此其本質與「地基主」信仰截然不同，不宜貿然將二者視為一體，說成是相同性質的祀神。

---

[79] 林美容總編纂，李允斐等著《高雄縣客家社會與文化》，頁236，高雄縣政府，1997年。

第四章

臺灣民間「地基主」的祭祀狀況

第一節　「地基主」的祭拜方式

　　臺灣民間傳統信仰祀神習俗，自大陸南方閩粵一帶傳入後，在長時間的轉化以及各地生活環境的差異變革下，衍生出不同的風俗習慣，甚至自成一格而有別於相同的祀神地區及大陸原鄉。例如同樣是「土地神」信仰，其誕辰卻有農曆二月初二、八月十五、十二月十六等三個不同的日子；其祭祀的供品除了牲醴外，有些地方還需要拜「刈包」或「潤餅」等食物；其所燒化的金銀紙錢，有壽金或刈金的分別，也有兩種兼用者。這些祭拜方式上的差異，同樣的也發生在臺灣各地「地基主」的祭祀上，以下是筆者就「地基主」祭祀的時間、祭祀的地點、祭品的種類及焚化的金銀紙等差異，所做的分析。

一、祭祀的時間

　　一般而言，民間舉行祭祀活動時，除了特定的節日或神明誕辰日，通常都會選擇「吉日」、「吉時」，以配合人們「趨吉避凶」的祭祀目的和心態；而因應不同的祭祀對象也產生了一套有關適宜祭拜的時間[1]。例如農曆初一、十五到寺廟向神明上香獻花，大都會在清早時間；初二、十六的拜門口或廟宇「犒賞」，都在下午時間。如果就祀神屬性來分的話，祭拜正神的時間比較沒有限制，只要有時間早、中、晚皆可，因為神明是無時無刻都可以自由存在的；而祭拜陰神、好兄弟之類的陰鬼則不然，必須

---

[1] 李秀娥編撰《祀天祭地－現代祭拜禮俗》，頁19，博揚文化，1999年。

於午時（中午十一點至一點）之後才可以開始祭拜[2]，並且於酉時（下午五點至七點）完成，其者是考量鬼魂不適合於午時之前活動，而後者則是考量酉時之後，陰氣大盛，此時在外祭拜孤魂陰鬼，對人們比較不利，運勢低落者容易招致陰氣的干擾。

民間有關「地基主」的祭拜時間上，也是基於其祀神屬性來訂定的。通常一般的家庭都會在歲時節慶祭拜祖先之後，順便準備一些簡單的供品來祭拜「地基主」，時間大都在午時過後。會採用這個時段，是因為民間將「地基主」轉化為靈魂崇拜，將其視為是「土地先住者的亡魂」或「陰間善魂」，在祀神本質上還是歸類為陰神、陰鬼之屬，所以在午時過後來祭拜「地基主」，應該是最適當的時間。

此外，有別於一般家庭內「地基主」的祭祀，區域性「地基主」的祭拜時間較不固定，因人因事而異，不過仍以下午的時間居多。通常，人們比較不會在晚上到「地基主祠」祭拜，除非是已經成為「正神」的「地基主廟」，這是因為此一類型的「地基主祠」大多坐落於偏僻之地，一到晚上不免讓人感到陰森而毛骨悚然，再加上民間將其歸類為「有應公」之屬的陰廟，更加深民眾的畏懼，所以甚少有人會在晚上到「地基主祠」祭拜。

二、祭祀的位置

民間祭祀活動中，隨著不同的祭拜性質與目的而有不同的祭祀位置。例如家裡祭灶時，其祭祀地點一定是在廚房灶臺上；拜門口則在大門外入口處；拜床母則在孩童的床上；農家在中秋

---

[2] 民間也有地方認為過了正午時（中午十二點）後就可以祭拜。

時，感謝土地公庇祐豐收的祭拜，其地點多在自家的田頭並插上「土地公拐」；舊時廟宇的「犒賞」，供品大都以竹籃裝盛並置於廟埕地上，澎湖現今還保留此種形式，臺灣本島則改置於桌上。此種因祭祀性質的不同所產生的祭拜位置的差異，彰顯出民間信仰祭祀的多元與適切性。

同樣的，有關「地基主」的祭祀位置，也是基於其祭祀性質與目的來確定的。由於「地基主」所管轄的區域只限於單一家宅土地地基而已，出了家宅之外的土地就是「社」的範圍，屬於土地神所管轄，因此其祭祀主要是以家宅為單位，每戶人家在家中個別拜自己所居住房屋的「地基主」。至於在家中何處祭拜地基主，各地的習俗不盡相同，沒有一個統一的位置，不過大抵上不超出下列幾處。

（一）廚房或後門處

舊時民宅的建造，其地基都是從屋後打起，因此人們就以為「地基主」居住在後門，於是就在此處祭拜「地基主」。之後，又因為在現代建築中，屋後也是廚房的所在，所以也有人直接在廚房中祭拜「地基主」。

（二）客廳或大門處

依照早期建築習慣，房屋動土時會擺桌於未來的深井處，朝向厝內祭拜庄廟主神、土地公或「地基主」[3]。而且在房屋落成

---

[3] 陳怡安〈澎湖本島傳統民宅之營建儀式考察～從「動土」到「入厝」〉《澎湖研究第一屆學術研討會論文輯》，頁 272，澎湖縣文化局，2002年。

「謝土」時，向「地基主」買斷土地的契約書－「磚契」，其埋設的位置也是在正廳供桌下接近中央牆壁處，因此有人選擇在客廳處祭拜「地基主」。至於為何在大門處祭拜「地基主」，筆者認為可能是由拜門口的方式演變過來，因為民間認為「地基主」即為「好兄弟」的同類，所以對祂的祭祀「乃在門口，供五味碗（日常茶飯類），燒經衣、銀紙。[4]」不過民間也有另一種說法，認為現今建築物的地基是由外圍四方打起，大門的位置先形成，因此「地基主」的位置在大門兩側，而不是在後門，所以在大門處祭拜「地基主」。

三、祭祀的物品

（一）供品

1.五味碗

依照民間傳統祭祀習俗，祭拜「地基主」的供品主要以五味碗為主。《臺灣民間祭祀禮儀》一書中就有這樣的記載：

> 祭拜「地基主」時，大都是在門口，供奉五味碗（日常的菜飯），燒經衣、銀紙。祭儀較簡單，且不燃炮。[5]

所謂五味碗指的是以五只碗各裝五種不同熟食的祭品，也就是一般混煮雞、鴨、魚、肉的家常菜餚，這是民間祭拜「地基主」最

---

[4]　吳瀛濤《臺灣民俗》，頁32，眾文圖書公司，1980年。

[5]　徐福全主稿《臺灣民間祭祀禮儀》，頁206，臺灣省立新竹社會教育館，1995年。

為普遍的祭品。當然有些家庭除了五味碗外,也會準備牲醴[6]及
素果來祭拜「地基主」,如此是比較周到一點的。其實臺灣民間
祭拜時所使用的物品相當多元,除了一些共同禁忌[7]或相對禁忌[8]
的物品不能當作供品外,其餘常生活中常見的食物幾乎可以上供
桌祭拜。至於牲醴的準備,除了一般祀神或重大慶典祭祀需要用
到外,其餘用與不用完全視個人心意而為之,不過依照目前社會
的生活水準,一般家庭的祭拜若是沒有準備一副牲醴,反而覺得
不夠誠意及隆重,因此祭祀時準備牲醴就成為當前的一種慣例。

　　另外民間也有傳說「地基主」嗜食煮熟的雞腿,因此祭拜時
除了五味碗外,還必須供上熟雞腿一支。此種說法不知起源於何
處,也不知「地基主」為何好吃雞腿,不過筆者推想會不會是因
為早期農業社會,一般家庭經濟狀況不好,逢年過節時所宰殺烹
煮的雞必須「一雞多用」,用於祭祀神明;用於祭祀祖先;用於
拜門口;用於拜「地基主」;還用於祭家人的五臟廟,在此狀況
下,一般人就把最好的雞腿部分留下來拜「地基主」,表達出最
誠摯的心,感謝其對家宅的照顧。久而久之,此種祭祀習俗就這
樣流傳下來,成為地方上的一種慣例,而不是民間後來所說的「地
基主」嗜食雞腿。

　　2.水果

　　即各種天然的水果,如蘋果、香蕉、鳳梨、橘子等,民間也

---

[6] 可以用豬肉、全雞、全魚的三牲,或者用小片豬肉、雞蛋、魚的小三
　　牲。

[7] 例如蕃茄、番石榴等水果。

[8] 例如祭祀田都元帥不可用螃蟹;祭祀佛祖不用釋迦;祭祀太上老君不
　　用李子。

有人以「素果」稱呼之。一般祭拜時除了牲醴、飯菜碗等供品外，通常也會準備一些水果來陪襯，任選四樣的稱為「四果」，有四時之果的意思；任選五樣的稱為「五果[9]」，意味五福臨門。不過，並不是每一種水果都能用來祭拜，例如番石榴、番茄，民間認為這兩種水果的種籽會隨著人體排泄物排出，是一種不潔的水果，因此不能上供桌。此外若是祭拜諸佛菩薩則不用釋迦；祭拜太上道祖則不用李子，並不是水果本身有問題，而是名字的音、義與神佛相抵觸，以神佛同名的水果來祭拜，民間認為大不敬，因而捨之不用。以此延伸，有些人就會特別注意水果名字音、義所代表的特殊意義，在挑水果祭拜時會刻意選取，以求得好運。例如蘋果代表平安、柿子意味利市、橘子象徵吉利、鳳梨的臺語音和旺來相近等等，這些莫不是想要求個好彩頭並透過水果所象徵的意涵來傳達出祭祀者心中的目的。這種現象充分反應出常民在民間信仰中，除了尋求精神上的寄託外，更希望獲取現世的利益，而乞求與還願的祭拜就是最具體的模式。

　3.紅圓、發糕

　　一般遷入新居或土地動土時，會增加準備紅圓、發糕來祭拜「地基主」。紅圓代表圓融、圓滿，另外還有團圓的意思；發糕則表示一切蒸蒸日上，有鴻圖大展之意，二者用意都是在求取好彩頭。

　4.酒

---

[9]　也有人認為五果為柑、橘、香蕉、甘蔗、蘋果，一般在供奉天公時使用。另外，香蕉、李子、鳳梨、米糕、生仁也稱五果，分別代表招、你、來、高、昇之意。詳見張逸堂編著《拜出好運來－好運旺旺來》，頁 11，研智有限公司，1999 年。

　　酒是祭祀時重要的供品之一，俗語說：「無酒，卜無杯」，民間祭拜時除了「素供者」不用酒外，其餘不論何種祭祀儀式一定都會準備酒，祭拜「地基主」也不例外。一般來說，民間祭拜「地基主」所供的酒杯數隨各地風俗之不同而有所差異，常見的有一杯、二杯、三杯等三種形式。供一杯者即謂「地基主」只有一人，用一杯酒來祭拜就可以；供二杯者認為有「地基主」就有「地基主婆」，因此必須準備兩杯酒供其夫妻對飲，此外也有人認為二為雙數屬陰，而「地基主」是陰神，因此以雙杯酒來祭拜[10]；供三杯者則比照一般祀神禮儀，所謂「無三不成禮」，用三杯酒的禮數來供奉「地基主」以表達最大的敬意。

　　5.飯

　　祭拜「地基主」時也會準備白米飯，碗數通常為一碗或二碗，每碗並擺上筷子一雙，其確定數目依照各地習俗來準備，原因如同上述供酒杯數的分別。

（二）金銀紙

　　金銀紙是漢民族民間信仰鬼神世界的貨幣，俗稱「冥紙」或「紙錢」。金銀紙分為金紙、銀紙和紙錢，前二者依照製品的的大小，切做方形，從二、三寸到四、五寸不等，中央黏貼金銀箔。黏貼金箔的稱「金紙」，用於供拜神明；黏貼銀箔的稱「銀紙」，用於祭拜祖先和其它亡魂[11]。後者又名楮錢、楮鏹。楮是古時候

---

[10] 李登財、劉還月《神佛正傳與祭拜須知―春之卷》，頁65，常民文化，2000年。

[11] 徐福全主稿《臺灣民間祭祀禮儀》，頁28，臺灣省立新竹社會教育館，1995年。

製紙的材料，鏹則是指貫錢之索，故知紙錢是仿人間的貨幣來祭拜鬼神[12]。紙錢的製作和金銀紙不同，其紙面不是用箔而是用穴線穿過，分為金白錢、庫錢、高錢、本命錢等數種[13]。

　　民間祭拜時除了供品外，一定會焚燒金銀紙，而且依照所祭祀對象的不同，使用不同形制的金銀紙錢。由於目前市面上所販售的金銀紙錢種類繁多，再加上各地習俗的不同及祭拜鬼神使用的紛岐，一般人是無法清楚的去辨別該如何選買。幸好大部分販賣金銀紙的商號，會依照歲時節慶祭祀的需求，將符合相同祭拜用途的金銀紙加以搭配販售，例如拜天公用天金、頂極金、太極金、壽金、刈金、福金；拜土地公可以搭配壽金、刈金、四方金（又稱土地公金、福金）；拜祖先則選用刈金、九金、銀紙等，購買者只要說出要祭拜的對象及採買的金額，商家就能立即處理，幫民眾解決這一方面的困擾。

　　同樣的，民間於逢年過節祭拜「地基主」時，也會焚燒金銀紙錢來報答其對家宅的照顧。一般祭拜「地基主」所使用的「冥紙」以銀紙、經衣[14]最為普遍，有些地方還會搭配使用刈金或九金。銀紙有大、小銀之分，通常用於祭拜祖先、孤魂幽鬼及普渡儀式上；經衣是紙錢的一種[15]，用於祭拜沒有子嗣的孤魂野鬼，其形制為一尺乘三寸五分，印有墨色的男女衣裳、帽、鞋、梳子、剪刀、扇子等圖樣。至於為何會普遍使用銀紙、經衣，這是因為

[12] 同上引述，頁30。

[13] 張逸堂編著《拜出好運來－好運旺旺來》，頁 15，研智有限公司，1999年。

[14] 阮昌銳編纂《重修臺灣省通志》，卷三住民志〈禮俗篇〉，頁 61，臺灣省文獻委員會，1993 年。

[15] 民間也有人將經衣歸類為準紙錢。

民間將「地基主」歸類為陰鬼，與孤魂「好兄弟」同類，因此才會焚燒專供祖先、亡魂使用的銀紙及可以提供孤魂陰鬼整理儀容使用的經衣，來表達誠敬的謝意。

四、祭祀的方法

（一）祭品的擺設

　　祭拜「地基主」時，有關祭品的擺設與其它的祭祀相差不多。首先將福金（亦可以用碗或杯子盛米替代）橫擺於桌面上緣，充當香爐以供插香之用，再將酒杯置於福金下方，之後擺設牲醴及飯菜碗，若無牲醴則直接將五味碗依序排列，最後才擺設白米飯、筷子[16]及金銀紙錢。這種擺設算是比較普遍通用的方式，當然要是各地有特殊的擺設次序，則依照地方習俗慣例而行，不用拘泥於上述方式。不過有一點要特別注意的是，祭拜「地基主」所用的供桌不可以太高，儘量以一般的小茶几、小桌子或長板凳就可以。因為民間傳說「地基主」是一個小矮人，所以供桌不能太高以方便其用食，至於此種傳說真假與否，沒有人應證過，也不得而知。但是也有一些法師解釋因為「地基主」還未入正神之列，無法如同福德正神一樣「夠格」上案桌受百姓供奉，所以只以小桌子（舊時用長板凳）來當作供桌擺設祭品。然而筆者認為用小桌子來擺設供品祭拜「地基主」，是為了比較貼近地基，符合祭拜的意義，並不是因為「地基主」是一個小矮人。其實「地基主」如同土地公一樣都是屬於地神，祭祀時就將祭品直接擺設在地上，此種做法最原始也最具意義，只不過後來的人認為此種

---

[16] 也有些地方習慣將白米飯、筷子置於五味碗之前。

方式既不衛生（將吃的食物放在地上）也不夠敬意，所以才將祭品改擺置在桌上。而會以小桌子來祭拜「地基主」，一方面是為了貼近地基，另一方面是為了區隔家宅內其它的祭祀，例如「祭灶」、「祭公媽」、「拜門口」等。

（二）祭拜的方向

　　前述有關「地基主」的祭祀位置，不論是在廚房、後門處或是在客廳、大門處，其祭祀的方向一定是向屋內祭拜，因為「地基主」就在屋內土地之中，若是向屋外祭拜，就不是在拜「地基主」而是在祭拜四方的孤魂「好兄弟」，有違其祭祀意義。

　　除了向屋內祭拜「地基主」，南部地區也有住戶面向屋內兩側的牆壁來祭拜[17]。至於為何會面向牆壁祭拜，筆者曾就教於多位法師朋友，其中臺南縣七股鄉一位不具名的楊姓法師告訴筆者[18]，因為「地基主」所管轄的範圍以房屋四周為界限，其活動路線也是以房屋四周為主，因此才會面向牆壁祭拜。此外，楊姓法師還熱心的告訴筆者，面向牆壁祭拜「地基主」還有左、右之分，一般透天獨棟洋樓祭拜時應面向房屋坐向的左手邊；若是連棟式的洋樓則面向房屋坐向的右手邊。而世居祖傳的三合院則面向左護龍房屋牆壁祭拜；不是者則向左向右皆可。此種因建築物種類及數量不同所產生的祭拜方位差異，相當特殊，僅此提供大家參考。

---

[17]　筆者住家附近的住戶即採用此種方式。

[18]　楊姓法師為一私人神壇負責人，因行事低調不願具名，筆者尊重其意願。

（三）祭拜的程序

一般家庭祭拜「地基主」的程序比較簡單，大致可以分為下列幾個步驟：

1.上供

將要祭拜「地基主」的相關祭品、用具，擺置在所要祭祀地點的桌上。

2.焚香敬酒

焚香即點香三柱拜請「地基主」前來接受住戶的供養，並祈求保佑居住平安。一般拜請「地基主」所念誦的內容如下：

焚香奉請拜請本宅「地基主」，今日是農曆○月○日○節良時吉日，弟子○○○（或信女○○○）敬備飯菜碗（牲醴）、素果、美酒、金銀財寶，迎請「地基主」前來坐位享用，祈求「地基主」能保庇本宅闔家大小能平安順利，厝地、厝體興旺。

念誦完畢禮拜過「地基主」，即可將香插於臨時設置的香爐（一般以杯裝米或以金紙橫擺充當香爐）上，插好香後即可斟酒。民間也有些地方先獻酒後再焚香[19]，不知何故。

3.笑納燒金

由於民間認為「地基主」的神格較低，其祭祀所準備的祭品也較簡單，因此一般焚香僅以一次為限[20]，待香燒至剩下三分之一時，即可將祭拜的金銀紙錢捧至拜桌前獻拜，敬請「地基主」

---

[19] 張逸堂編著《拜出好運來─好運旺旺來》，頁 291，研智有限公司，1999 年。

[20] 民間習俗認為祭拜時備有牲醴，才需焚香三次，獻酒三次，以示敬意。若是無牲醴的祭拜，焚香一次，敬酒一次即可。

笑納，之後再於金爐焚化。金銀紙錢燃畢前，必須用敬拜的米酒以繞圈方式澆淋金爐外圍，並於金爐中倒一點酒，代表整個祭拜儀式的結束。

　　上述有關「地基主」祭祀的時間、位置、方式、祭品及金銀紙錢的種類，雖然各地認知不盡相同，但總是地方流傳下來的舊慣習俗，沒有所謂的對與錯。因此只要照著地方上的慣例，跟隨著當地的風俗習慣去祭拜，並不需要去任意更改。況且祭祀儀式的舉行，所重者在於祭祀者本身的心意，所謂「心誠則靈」，只要誠心誠意，抱持尊敬、感恩的心，就算沒有豐盛的祭品及正確的祭祀方式，一樣能傳達出祭祀者最虔誠的敬意。

第二節　民間常見的「地基主」祭祀日子

　　民間除了動土或喬遷入宅會祭拜「地基主」外，也會在農曆歲時節慶祀神祭祖的時候，順便祭拜自家宅內的「地基主」。然而有趣的是以臺灣不大的地方，在祭拜「地基主」上，不但有前述第一節所提到的祭拜方式及擺設位置的差異外，連祭拜的節慶日子也因各地風俗不同而不一致。筆者推論應該是原鄉文化移植入臺後，因各地區習俗不同或是長輩口耳傳承的疏失，所造成的「大同（指地基主信仰）小異（祭祀的時間及儀式）」現象，不過這並不影響「地基主」信仰的發展，反而讓祂顯得更多元更在地化。以下就是筆者針對民間常見的「地基主」祭祀日子，所做的整理。

一、例行性節日的祭祀

(一) 每月初一、十五

日人鈴木清一郎所著的《臺灣舊慣習俗信仰》一書，認為各戶在每月初一和十五都要祭拜「地基主」。他說：

> 各戶在每月初一和十五，都要準備酒菜、香燭、紙錢祭祀，特稱之為「犒軍」。不過要先祭祀住宅附近的土地公，然後才能祭祀自宅的孤魂地基主，因為土地公是地基主的地方官。[21]

黃旺成等編纂的《新竹縣志》也詳細說明，在每月的初一、十五日拜完土地公後，要另外祭拜「地基主」[22]。此外，張永堂所編纂的《恆春鎮志》也有相關的記載：

> 地基主的祭拜，與住家安寧有關，如居家不順，通常會問神明，經指示如與住家有關，會按三節或初一、十五時；亦有逢年過節祭拜者。[23]

(二) 每月初二、十六

民間有些地方常在農曆每月初二、十六日祭拜土地公之後，也祭拜「地基主」。徐福全主稿的《臺灣民間祭祀禮儀》一書中

---

[21] 鈴木清一郎著、馮作民譯《臺灣舊慣習俗信仰》，頁 22~23，眾文圖書，1989 年。

[22] 黃旺成等編纂《新竹縣志》，頁 44，新竹縣政府，1976 年。

[23] 張永堂編纂《恆春鎮志》，卷五社會志，頁 5~182，屏東縣恆春鎮公所，1999 年。

就有這樣的記載：

> 本省人「作牙」時，除拜土地公、祖先外，也有拜「地基主」的習俗。[24]

這種習俗在羅茂順所編輯的《中埔鄉志》也提到：

> 每個月的農曆初二、十六日都是做牙的日子，以例行方式祭拜土地公、地基主。[25]

（三）元宵、頭牙、尾牙、除夕

吳瀛濤在所著作的《臺灣民俗》書中記載，民間歲時在元宵、頭牙、尾牙、除夕等節日，祭拜眾神之時，同時祭拜「地基主」。其提到：

> 上元：十五日為上元節，即天官大帝誕辰。……並同時拜祀祖靈、地基主（司土地之神）、床母（幼兒守護神）等。……頭牙：初二日，亦稱「頭牙」，而與農曆十二月十六日之「尾牙」對稱。……為土地神慶壽，並同時拜地基主。……尾牙：臘月十六日稱「尾牙」。……是日，祭土地公畢，又在門口，供五味碗（日常菜飯類），祭地基主（先住家宅之孤魂），而燒經衣、銀紙。……過年：除夕稱為過年，意為舊歲至此夕而除，明旦換新歲。……另外以五味碗拜

---

[24] 徐福全主稿《臺灣民間祭祀禮儀》，頁206，臺灣省立新竹社會教育館，1995年。
[25] 羅茂順編輯《中埔鄉志》，頁351，嘉義縣中埔鄉公所，1997年。

門口及拜地基主，用春飯拜灶、床母。[26]

（四）清明節、端午節、中元節、除夕

清明節、端午節、中元節、除夕是民間常祭拜「地基主」的
日子。學者石萬壽所編纂的《永康鄉志》中談到：

> 地基主、門口公、簷口媽、灶君爺、井龍王：此五神合稱
> 五祀，在祖甲變法以後即已存在，大多無神位、雕像，有
> 時也見塑像，一般家庭中，每逢清明、端午、中元、除夕
> 等四次祭祀日祭祀。地基主為房舍所在地的土地公，即五
> 祀中的戶神。[27]

沈同來所編輯的《仁武鄉志》一書內容中，也說到在這四個節日
時來祭拜「地基主」。

> 祭祀地基主的時間，大抵按四節－清明、端午、中元和除
> 夕致祭。[28]

（五）過年、端午節、中元節、冬至

彰化縣二水地區祭拜「地基主」的日子，大都在過年、端午
節、中元節、冬至等四個節日，與上述地區祭拜「地基主」的四
個節日稍有不同。賴宗寶所著的《好山‧好水‧好二水》書中就
有這樣的記載：

---

[26] 吳瀛濤《臺灣民俗》，頁5~32，眾文圖書公司，1980年。
[27] 石萬壽主纂《永康鄉志》，頁753，永康鄉公所，1988年。
[28] 沈同來編《仁武鄉志》，頁395，高雄縣仁武鄉公所，1994年。

拜地基主。時間：過年、五月五日、七月十五日、冬至。[29]

（六）元宵、頭牙、除夕

彰化縣芳苑地區的居民大都於元宵節、頭牙、除夕，這三個節日來來祭拜「地基主」。芳苑鄉公所出版的《芳苑鄉志》一書中，對此有詳細的說明：

> 十五日：「上元」為天官大帝誕辰，……此日清晨，每家供拜牲醴，祈求賜福，並同時拜祀祖靈，地基主（土地之神）、床母（幼兒守護神）。……初二：土地生。……初二日，亦稱「頭牙」，一般戶戶，備牲醴，燒土地公金，燃放爆竹、為土地公設壽，同時祭拜地基主。……除夕做粿的種類，……另外，以五味碗拜門口及拜地基主，用春飯拜灶君、床母，以其平安好運。[30]

（七）元宵節、尾牙

學者仇德哉所主修的《雲林縣志稿》記載，在元宵節、尾牙的時候祭拜「地基主」。

> 正月十五日：為上元節，亦為元宵節，……家家戶戶，備牲醴拜祀土地神、祖靈、地基主、床母等。……十二月十

---

[29] 賴宗寶《好山・好水・好二水》，頁 186，賴許柔文教基金會，2001年。

[30] 康原著《芳苑鄉志》，文化篇，頁 125~132，彰化縣芳苑鄉公所，1997年。

六日祀土地公，謂之「尾牙」，並祀地基主。[31]

（八）頭牙及尾牙

民間有些地方會配合每年的頭牙與尾牙，祭拜過土地公之後，順道祭拜「地基主」，祈求居住平安。嘉義縣大埔鄉公所出版的《大埔鄉志》對此即有詳細的敘述：

> 初二（此指二月初二）：初二亦稱「頭牙」，與農曆十二月十六日之「尾牙」對偶。家戶備牲醴，燒土地公金，燃放爆竹，為土地公慶壽。同時拜地基主、拜畢聚餐，稱「食頭牙」。……十二月十六日為尾牙。當日各戶供牲醴，祭土地公，之後，在門口供五味碗，燒經衣、銀紙以祭地基主。[32]

（九）中元節及尾牙

南投縣有關「地基主」的祭祀時間是在民間的一些大節日，通常以過年、五月五日端午節、九月九日重陽節、七月十五日中元節等大節日較常見，但也有些人家則只是在過年時才拜[33]。而同屬於南投縣行政區域內的集集鎮則大都選擇在中元節及尾牙時來祭拜「地基主」。陳哲三編纂的《集集鎮志》書中就提到：

> 七月十五：又稱中元節，近午時分要拜祖先，部分人家還要拜地基主。……十二月十六日：稱為「尾牙」，各戶準

[31] 陳其懷《雲林縣志稿》，卷二人民志〈禮俗篇〉，頁9~15，雲林縣政府，1977年。

[32] 許輕鎮等著《大埔鄉志》，頁207~210，嘉義縣大埔鄉公所，1993年。

[33] 劉文功主編《南投民俗篇》，頁240，南投縣政府，1994年。

備牲禮祭土地公，商家更隆重，此外，部分家庭是日要祭
拜地基主。[34]

（十）冬至、除夕

宜蘭縣是在冬至及除夕時，才祭拜「地基主」。學者林美容
等著作的《宜蘭縣民眾生活史》一書中談到：

> 除夕當日除了祭拜神明、祖先，還要拜土地公、地基主、
> 貼春聯。……冬至也是節氣，家家都準備『圓仔』，煮成
> 甜、鹹湯圓，祭拜神明、公媽、地基主。[35]

（十一）尾牙及除夕

民間於尾牙及除夕二日祭拜「地基主」的習俗，日人池田敏
雄在所著作的《臺灣の家庭生活》一書中，有詳細的記載。池氏
認為「地基主」是住宅最早居住者的亡靈，因此祭拜的時候用五
味碗及燒經衣、銀紙[36]。此後有許多的學者在撰寫歲時節日祭拜
習俗時，有關「地基主」的祭祀日子及延續這種說法。如王詩琅
先生所撰寫的《艋舺歲時記》：

> 十六日起尾牙。……祭土地公畢，即將長凳排在門口，供
> 五味碗祭地基主。……除夕稱為過年。……門神及地基主

---

[34] 陳哲三總編纂《集集鎮志》，頁660~661，南投縣集集鎮公所，1998
年。

[35] 林美容等著《宜蘭縣民眾生活史》，頁74~86，宜蘭縣政府，1998年。

[36] 池田敏雄《臺灣の家庭生活》，頁355~360，南天書局有限公司，1944
年。

則供五味碗禮拜。[37]

李汝和主修的《臺灣省通志》：

> 十二月十六日，祀土地公，謂之「尾牙」，並祭地基主。……
> 除夕，俗以農曆十二月末日之夜為除夕，亦稱年夜，大年
> 夜，俗稱過年。是日，以牲醴年糕祀神祭祖，並以五味碗
> 祭門神、灶神、地基主、床母。[38]

黃耀能總纂的《南投縣志》：

> 十二月十六日：「尾牙」，……往昔書房亦於此日宴請塾
> 師並散學放年假。是日亦需拜地基主。……除夕：即過
> 年，……白天需拜祖先及地基主。[39]

范域屏主編的《大樹鄉志》：

> 十二、十二月十六日：俗稱尾牙。多以牲禮祀土地公，並
> 祭地基主。是日商店祀神，宴牙戶，以酬謝夥友並定來年
> 聘僱之約。……三十日：為一年除夕，俗稱過年。是日以
> 牲醴、年糕、發粿等祀神祭祖；並以五味碗祭門神、灶神、
> 地基主等；祭畢，燃放邊炮，謂之辭歲。[40]

---

[37] 王詩琅《艋舺歲時記》，頁23，海峽學術出版社，2003年。

[38] 李汝和《臺灣省通志》，卷二人民志〈禮俗篇〉，頁17~18，省文獻委員會，1972年。

[39] 黃耀能總纂《南投縣志》，卷二住民志〈風俗篇〉，頁56~57，南投縣政府，2002年。

[40] 范域屏主編《大樹鄉志》，頁303，高雄縣大樹鄉公所，1986年。

屏東高樹鄉公所出版的《高樹鄉志》：

> （十二）十二月十六日：俗稱尾牙。多以牲禮祀土地公，
> 並祭地基主。是日商店祀神，宴牙戶，以酬謝夥友並定來
> 年聘僱之約。……三十日：為一年除夕，俗稱過年。是日
> 以牲醴、年糕、發粿等祀神祭祖；並以五味碗祭門神、灶
> 神、地基主等；祭畢，燃放邊炮，謂之辭歲。[41]

邱奕松纂修的《朴子市志》：

> 土地公拜畢，更於門口供五味碗（日常菜飯）拜地基主（先
> 居住孤魂）燒經衣、銀紙。……除夕俗稱過年，……尚備
> 五味碗拜門口及地基主。[42]

（十二）中元節

　　苗栗縣銅鑼鄉客家人通常在中元節時祭拜「地基主」。黃鼎
松編輯的《銅鑼鄉誌》書中就有這樣的論述：

> 家戶則以三牲禮物、粽子等拜神祭拜及拜「伯公」、拜「地
> 基主」。[43]

臺南縣《仁德鄉志》書中也提到：民間則於七月十五日中元節下午，
以牲醴、粿品，水果拜門口公及「地基主」，俗稱「孝月半」。[44]

---

[41] 不著撰人《高樹鄉志》，頁402，屏東縣高樹鄉公所，1981年。
[42] 邱奕松纂修《朴子市志》，頁249~251，嘉義縣朴子市鄉公所，1998年。
[43] 黃鼎松編輯《銅鑼鄉志》，頁401，銅鑼鄉公所，1998年。
[44] 陳奮雄主纂《仁德鄉志》，頁651，臺南縣仁德鄉公所，1994年。

（十三）冬至

冬至是民間重要節氣之一，此日為天文歲首，闔家吃湯圓添歲。俗謂「冬至圓仔呷落加一歲」，就是這個意思。此日必須以甜、鹹的湯圓及牲醴、飯菜祭拜神明及祖先。有些地方也會另外祭拜「地基主」。張永堂編纂的《恆春鎮志》書中即記載：

> 煮好湯圓後，則準備三至五碗拜公媽。亦有祭拜地基主的。[45]

楊萌芽所編纂的《民雄鄉誌》書中，也有相同習俗的敘述：

> 十一月冬至・冬節，……家戶於前夜忙搓圓仔，分紅白兩色，清晨做湯糰，供拜神明、祖先及地基主。[46]

（十四）尾牙

尾牙是民間最常見祭拜「地基主」的日子，一般住家在祭拜過土地公之後，也會準備簡單的飯菜及金銀紙錢來祭拜「地基主」。民間方志有關此的記載相當多，例如張勝彥總編纂的《臺中縣志》：

> 十二月十六日是「尾牙」，……今日，本鎮商家備牲醴，祭土地公，因土地公是商戶守護神（行神）。另在商家門口，供五味碗，祭地基主，燒經衣、銀紙，以祭家宅孤魂，

---

[45] 張永堂編纂《恆春鎮志》，卷五社會志，頁5~182，屏東縣恆春鎮公所，1999年。

[46] 楊萌芽《民雄鄉志》，頁516，嘉義縣民雄鄉公所，1993年。

祈福降安。[47]

曾藍田主修的《臺中市志》：

> 十二月十六日，祭土地公，謂之「尾牙」，並祭地基。[48]

江英次編纂的《阿蓮鄉志》：

> 是日（農曆十二月十六日）祭土地公畢，又在門口供五味碗（日常飯菜），祭地基主（先住家宅之孤魂）。[49]

陳炎正主編的《潭子鄉志》：

> 為酬謝全年照顧，在家舉行盛大拜拜先拜土地公，然後再拜地基主，然後全家及員工大宴會。[50]

尹章義等合著的《五股志》：

> 尾牙：農民及商人等以五牲供奉土地公，並祭地基主。[51]

王仲孚總編纂的《沙鹿鎮志》：

> 今日，本鎮商家備牲醴，祭土地公，因土地公是商戶守護神（行神）。另在商家門口，供五味碗，祭地基主，燒經

---

[47] 張勝彥總編纂《臺中縣志》，卷二住民志〈禮俗篇〉，頁50，臺中縣政府，1989年。

[48] 曾藍田《臺中市志》，卷二住民志〈禮俗篇〉，頁21，臺中市政府，1984年。

[49] 江英次《阿蓮鄉志》，頁121，高雄縣阿蓮鄉公所，1985年。

[50] 陳炎正主編《潭子鄉志》，頁338，臺中縣潭子鄉公所，1993年。

[51] 尹章義等著《五股志》，頁629，臺北縣五股鄉公所，1997年。

衣、銀紙，以祭家宅孤魂，祈福降安。[52]

雲林縣政府出版的《雲林縣發展史》：

> 祀土地公，謂之「尾牙」，並祀「地基主」。[53]

阮昌銳所撰稿的《重修臺灣省通志》：

> 十二月十六日為尾牙，……祭土地公後，在門口供五碗、燒經衣、銀紙以祭地基主。[54]

（十五）除夕

除夕午後，也有人拜「地基主」，祭品較簡略，兩菜、兩湯、兩飯便可[55]。有關除夕祭拜「地基主」的習俗，其記載主要見於王明義編纂的《三峽鎮鎮誌》：

> 〔辭年〕是日下午先拜床母及地基主，黃昏則拜神明及公媽，謂之〔辭年〕。[56]

周國屏等主撰的《彰化市志》：

---

[52] 王仲孚總編纂《沙鹿鎮志》，頁617，臺中縣沙鹿鎮公所，1994年。

[53] 雲林縣發展史編輯委員會《雲林縣發展史》，頁7-83，雲林縣政府，1997年。

[54] 阮昌銳《重修臺灣省通志》，卷三住民志〈宗教篇〉，頁1042~1043，臺灣省文獻委員會，1992年。

[55] 李登財、劉還月《神佛正傳與祭拜須知―冬之卷》，頁63，常民文化，2000年。

[56] 王明義總編纂《三峽鎮志》，頁1504，臺北縣三峽鎮公所，1993年。

是日下午，先拜床母、地基主；黃昏時，祭拜公媽。[57]

徐福全在所編纂的《石門鄉志》：

除夕日中午，及開始由內而外，到各廟宇祭拜神明、土地公、地基主、床母。[58]

林曙光先生所撰寫的《打狗歲時記稿》：

除夕通稱二九暝，……並孝床母、地基主。[59]

上述有關「地基主」的常祀日子，是筆者根據民俗專書及各地方志歲時習俗記載所做的整理，今彙整如表 4-1 及表 4-2。由於各地方志中有關「地基主」的記載不是疏漏，不然就是輕描淡寫的一筆帶過，因此真正可以提供分析整理的資料實在有限，為何會如此，筆者認為可能是因為編著者對「地基主」的認知不夠，以致將其祭祀當作是在拜門口或是在拜土地公。不過資料雖然不多，但是經過分類整理後還是有以下兩項符合現況的結論。

（一）除了農曆的初一、十五日及初二、十六日外，民間歲時節慶常祀「地基主」的日子有元宵節、頭牙、清明節、端午節中元節、冬至、尾牙、除夕（過年），各地依其地方習俗慣例就其中的日子來祭拜。

（二）根據表 4-2 的統計分析，農曆十二月十六日的尾牙及同月二十九日（大月三十）的除夕，是民間最常祭拜「地基主」的日子。

---

[57]　周國屏等主撰《彰化市志》，頁277，彰化市公所，1997年。

[58]　徐福全總編纂《石門鄉志》，頁393，臺北縣石門鄉公所，1997年。

[59]　林曙光《打狗歲時記稿》，頁72，高雄市文獻委員會，1994年。

至於民間為何會在上述歲時節慶來祭拜「地基主」，筆者在下一節會有詳細的分析說明。

表 4-1：臺灣民間「地基主」例行性祭祀節日一覽表

祭拜「地基主」的日子	相關方志或專書記載	備註
每月初一、十五	《新竹縣志》	
每月初二、十六	《臺灣民間祭祀禮儀》、《中埔鄉志》	
元宵、頭牙、尾牙、除夕	《臺灣民俗》	
清明節、端午節、中元節、除夕	《永康鄉志》、《仁武鄉志》	
端午節、中元節、冬至、過年	《好山·好水·好二水》	
元宵、頭牙、除夕	《芳苑鄉志》	
元宵節、尾牙	《雲林縣志稿》	
頭牙及尾牙	《大埔鄉志》	
中元節及尾牙	《集集鎮志》	
冬至、除夕	《宜蘭縣民眾生活史》	
尾牙及除夕	《臺灣 家庭生活》、《臺灣省通志》、《艋舺歲時記》、《南投縣志》、《大樹鄉志》、《高樹鄉志》、《朴子市志》、《艋舺歲時記》	
中元節	《銅鑼鄉誌》、《仁德鄉誌》	
冬至	《恆春鎮志》，《民雄鄉誌》	
尾牙	《雲林縣發展史》、《臺中縣志》、《臺中市志》、《阿蓮鄉志》、《潭子鄉志》、《五股志》、《沙鹿鎮志》	
除夕	《彰化市志》、《石門鄉志》、《三峽鎮鎮誌》、《打狗歲時記稿》	

表 4-2：臺灣民間「地基主」例行性祭祀節日個別統計表

歲時節日	相關方志或專書記載	序位	備註
元宵	《新竹縣志》、《芳苑鄉志》、《雲林縣志稿》、《臺灣民俗》		
頭牙	《臺灣民間祭祀禮儀》、《中埔鄉志》、《芳苑鄉志》、《大埔鄉志》、《臺灣民俗》		
清明節	《永康鄉志》、《仁武鄉志》		

端午節	《永康鄉志》、《仁武鄉志》、《好山‧好水‧好二水》		
中元節	《永康鄉志》、《仁武鄉志》、《好山‧好水‧好二水》、《集集鎮志》、《銅鑼鄉誌》、《仁德鄉誌》		
冬至	《宜蘭縣民眾生活史》、《恆春鎮志》、《民雄鄉誌》、《好山‧好水‧好二水》		
尾牙	《臺灣　家庭生活》、《臺灣民間祭祀禮儀》、《中埔鄉志》、《雲林縣志稿》、《大埔鄉志》、《集集鎮志》、《臺灣省通志》、《南投縣志》、《大樹鄉志》、《高樹鄉志》、《朴子市志》、《臺中縣志》、《臺中市志》、《阿蓮鄉志》、《潭子鄉志》、《五股志》、《沙鹿鎮志》、《雲林縣發展史》、《艋舺歲時記》、《臺灣民俗》	第一位	
除夕	《臺灣　家庭生活》、《三峽鎮鎮誌》、《彰化市志》、《石門鄉志》、《永康鄉志》、《仁武鄉志》、《好山‧好水‧好二水》、《芳苑鄉志》、《宜蘭縣民眾生活史》、《臺灣省通志》、《南投縣志》、《大樹鄉志》、《高樹鄉志》、《朴子市志》、《艋舺歲時記》、《打狗歲時記稿》、《臺灣民俗》	第二位	

資料來源：筆者自行整理

二、特殊需求的祭祀

民間除了在歲時節日祭拜「地基主」外，也會因應特殊的需求來祭拜。今說明如下：

（一）動土

傳統上，民間在動土儀式舉行前，大都會先擺設香案準備供品來祭祀土地公與「地基主」，李重耀所撰寫的〈臺灣傳統建築過程禮祭風俗簡介－開工、上樑、落成儀式之簡述〉文中就談到：

> 動土儀式前，應先經由擇日師選擇吉日良辰來舉行，並準
> 備供品（牲醴、鮮果、清茶、美酒）及四色金紙（壽金、
> 刈金、福金、金錢等祭品），向土地龍神、土地公、地基
> 主，祈求工程的順利進行。[60]

張逸堂所編著的《拜出好運來－好運旺旺來》一書中也有相關的
記載：

> 動土典禮結束後，並於當日下午另行在工地上祭拜地基
> 主。[61]

除了民宅興建動土時會有祭拜「地基主」的儀式外，廟宇的建設
也不例外，也會準備牲醴、香燭、鮮花、五果、金銀紙錢祭拜土
地諸神及本廟的主神。此種儀式在澎湖地區新建廟宇動土時更為
慎重，廟方必須要向「地基主」上香、獻茶、行三跪九叩首禮後，
主事者才能披上紅綾開始鏟動土地；動土完畢後，還要回到香案
前稟告，口中唸誦：「地基主，本廟動土完畢。」然後再燒化金
銀紙錢、鳴放禮炮[62]，整個儀式才算大功告成。

（二）奠基

　　一般民宅在動土打地基做基礎的同時，主家會準備一些供

---

[60] 李重耀〈臺灣傳統建築過程禮祭風俗簡介－開工、上樑、落成儀式之
　　簡述〉，頁90，《空間雜誌》第四十八期，1993年。

[61] 張逸堂編著《拜出好運來－好運旺旺來》，頁311，研智有限公司，1999
　　年。

[62] 黃有興、甘村吉《澎湖民間祭典儀式與應用文書》，頁149，澎湖縣文
　　化局，2003年。

品、金銀紙錢來祭拜「地基主」，祈求能奠基順利，建造過程圓滿成功。黃耀能所編纂的《續修高雄市志》就有這樣的記載：

> 整土完竣後，在擬築壁牆之處，挖下大約一臺尺的深度，再填入老古石與灰砂稱謂「地基腳」。奠基時須以香案、牲醴、金紙等祭拜地基神，祈求興建過程平安，順利圓滿。[63]

奠基儀式完成後，做好基礎，就可以開始房宅厝身的營建工作。

（三）入厝

　　民間所謂的入厝是指家中的成員及所奉祀的神佛、公媽，正式進駐新居的意思。入厝的目的在於藉由神佛的進駐及祖先與家庭成員的進住定位民宅中心，完成「家」的角色扮演，為民宅「由無到有」的聖化過程畫上句點。至此，「家」終於得以定位，其不僅得以蒙神庇蔭，象徵家族血脈源頭的祖先亦就此長住吾家，民宅中心得以完整建構[64]。民間舉行入厝儀式時，除祭祀天地諸神及家中神佛、公媽外，大都會再另行祭拜「地基主」，祈求居住平安。此外，若是只搬新家而無安置公媽、神位也可以拜「地基主」，畢竟求得居住平安是每一個人的願望，所謂「有拜就有庇佑」，拜完後若是能滿足精神上的慰藉，何樂而不為。

---

[63] 黃耀能總纂《續修高雄市志》，卷八社會志〈風俗語言篇〉，頁 58，高雄市文獻委員會，1997 年。

[64] 張宇彤《金門與澎湖傳統民宅形塑之比較研究》，頁96，成大建築所博論，2001年。

（四）謝土

所謂「謝土」就是民間在興建房屋、宗祠、廟宇或造墳完成後，為感謝土地神祇的庇祐與驅逐在「動土」興建過程中產生的神煞所舉行的儀式。「謝土」儀式舉行時會祭拜各方神明、神煞、「地基主」與境內「好兄弟」，感謝營建工程能順利完成，並對動土時的打擾與破壞表示歉意。在一般法師所主持的「謝土」儀式中，會有安「磚契」的法事。「磚契」是橫跨陰陽兩界讓渡土地的契約書[65]，是「地基主」和人之間有關土地陰間所有權的買賣證明，完成安「磚契」儀式後，土地就此擺脫陰間鬼魂的干擾而成為適合人活動居住的場所。

（五）普渡或超拔法會

民間廟宇舉行中元普渡或超拔法會時，也會設置「地基主」的靈位來祭拜。前者以臺中縣大甲鎮鎮瀾宮為代表，後則以鸞堂系統的超拔法會為主，會有這樣的儀式，主要是將「地基主」靈魂化，當作是無嗣的孤魂「好兄弟」，藉著普渡或超拔法會使其能早日魂歸西天，不再留戀人間而受苦。

（六）建醮設壇

民間有些地區廟宇建醮設壇時，也必須祭拜「地基主」向其借地；建醮完成謝壇後，也必須祭拜「地基主」歸還土地[66]。此

---

[65] 植野弘子〈臺灣漢民族の死靈と土地－謝土儀禮と地基主をめぐって〉，頁 378，《國立歷史民俗博物館研究報告》第四十一集，日本千葉縣：國立歷史民俗博物館，1992 年。

[66] 中部地區一帶建醮即有此種習俗。例如近期才完成的豐原建醮即是。

種向「地基主」借地、還地的祭拜，主要是求得醮壇用地「地基主」的許可與庇佑，讓醮壇能搭建順利，人員平安。

三、專屬的祭祀日子

區域性「地基主」信仰產生後，各地奉祀「地基主」的祠廟相繼建立。這些奉祀「地基主」的祠廟有大有小，小的如同一般小型的土地公祠，佔地面積不到一坪，民間俗稱為「小廟仔」；大的就像是一般廟宇一樣，有的甚至成為地方上的信仰中心，被居民當作是護庄之神。而不論是「小廟仔」的「地基主祠」，還是大廟型式的「地基主廟」，除了一般歲時節日的祭拜外，有的還會為其訂定「神明生」來慶祝，盛大一點的還會聘請戲班演戲以示祝賀。例如臺南市北區文成里文成路一二八號的安聖宮「地基主廟」是以農曆的八月十六日為其「神明生」，當地信眾除了聘請戲班演戲慶祝外，有時還會舉辦繞境儀式；高雄縣梓官鄉赤崁北路一二七巷路旁的「牛王地基主祠」則是以農曆的十二月二十六日為其「神明生」，當日信徒也會舉辦盛大的慶祝儀式。

第三節 「地基主」祭祀節日的分析

如前一節所言，除了農曆的初一、十五日及初二、十六日外，民間歲時節慶常祀「地基主」的日子有元宵節、頭牙、清明節、端午節、中元節、冬至、尾牙、除夕（過年），各地依其地方習俗慣例就其中的日子來祭拜。至於民間為何會在上述日子來祭拜「地基主」，以下是筆者的說明。

一、元宵節

元宵節又稱「上元節」或「燈節」，是「三界公」中的「上元天官大帝」的誕辰。此日依照民間習俗，會在清晨的時候準備牲醴、素果、麵線、茶、酒等祭拜天官大帝，祈求賜福。元宵當日民間有些地方也會在午後祭拜「地基主」，這是因為元宵節也是一年之中的第一個十五，而每月的十五民間向來就有拜門口及拜「地基主」的習俗，所以在元宵節當日有些地方也會依慣例來祭拜「地基主」[67]。

二、頭牙、尾牙

臺灣民間習俗，一年之中除了正月外，農曆每月的初二、十六日是「做牙」的日子，二月二日第一次的「做牙」稱為「頭牙」，十二月十六日最後一次的「做牙」稱為「尾牙」。這樣的習俗在清末的《安平縣雜記》中有詳細的記載：

> 二月二日，各街境里堡鳩金備牲醴粿品演戲，為當境土地祝壽（里社之神，一名福德正神）。是日，各商業競備牲醴，在家慶祝。傭工皆饜酒肉，名曰「做頭牙」。……十二月十六日，各舖戶商業及人家皆備牲醴以供神。名曰「做尾牙」。凡商業雇工，任其豪飲盡醉。計一年之間，二月二日、八月中秋、十二月十六日三次而已。自是日起，各廟宇中門皆閉而不開，謂神已於十五封印不蒞事。至明年

---

[67] 如《新竹縣志》、《芳苑鄉志》、《雲林縣志稿》等記載。

正月初一日始開廟門。[68]

大正年間連橫所撰寫的《臺灣通史》書中也談到：

> 二月初二日，為社公辰，各街多釀資致祭。群聚讌飲，謂
> 之「頭衙」。而以十二月十六日為尾衙（筆者案：衙通
> 牙）。……十二月十六日，祀社公，謂之尾衙。工人尤盛，
> 以一年操作至是將散也。而鄉塾亦以上元開課，尾衙放
> 假。外出之人，多歸家度歲。[69]

日人鈴木清一郎在所著《臺灣舊慣習俗信仰》書中，對「做
牙」習俗也有詳盡的說明：

> 二月初二這一天，商家都要為土地公舉行盛大祭典，這就
> 叫作「做牙」。土地公的祭日，是每月的初二和十六兩天，
> 二月初二是最初的「做牙」，所以稱為「頭牙」，十二月
> 十六日是一年最後的「做牙」，所以稱為「尾牙」。不過
> 一般農家，則以每月的朔望兩天，也就是初一和十五為土
> 地公的例祭日。……商家是每月的初二和十六「做牙」，
> 不過一般人僅在二月初二、七月初二、八月十六、十二月
> 十六等四天舉行大祭，其他各牙祭之日一概省略不祭。[70]

至於為何正月不「做牙」，這是因為民間認為正月初二適逢過年

---

[68] 《安平縣雜記》，〈節令〉，頁3~8。

[69] 連橫《臺灣通史》，卷二十三〈風俗志・歲時〉，頁599~601，眾文圖
書，1994年。

[70] 鈴木清一郎著、馮作民譯《臺灣舊慣習俗信仰》，頁 469~470，眾文
圖書股份有限公司，1989 年。

期間，各家神明於年前十二月二十四上天奏報，尚未回凡間述
職，而正月十六又逢元宵節剛過，年假至此結束一切回歸正常，
所以不再重複舉行祭典。

　　一般來說，民間每月兩次「做牙」的習俗，起源於古代市集
的交易買賣行為。舊時古人的交易，都在每月的朔、望兩日舉行，
大家「以物易物」互相交換東西，稱為「互市」。而在「互市」
之前，商人大都要祭拜土地公，祈求生意興隆，大發財利，然後
設宴招待客人和店裡的伙計，藉以連絡感情，慰問員工的辛苦，
此種祭拜禮儀，稱為「互祭」。後來因為唐代的人將「互」字和
「牙」字相混淆，把「互祭」寫成「牙祭」，「互郎」寫成「牙
郎」，一直沿用迄今。元代陶宗儀在所著的《南村輟耕錄》裡對
此有詳細的說明：

> 今人謂駔儈者為牙郎，本謂之互郎，謂主互市事也，唐人
> 書互作牙，互與牙字相似，因訛而為牙耳。[71]

然而，原本應該於每月的朔、望兩日舉行「牙祭」的日子，為何
演變成初二、十六祭拜，筆者認為應該和土地神的誕辰有關。一
般來說，從先秦至明清，官方祭祀土地神的日期基本上都是二月
和八月上旬的戊日。到了明代以後，民間祭祀土地神的日子卻明
確地定為二月初二。所謂二月初二為土地爺誕辰的說法就產生在
這一時期。清代和近代民間祭祀土地神大都沿襲之，在二月初二
進行。[72]因此配合二月初二的「土地公生」，眾商家就擇定於二

---

[71] 陶宗儀《南村輟耕錄》，卷十一，頁139，北京中華書局，2004年。
[72] 郝鐵川《灶王爺、土地爺、城隍爺－中國民間神研究》，頁191，上海
　　　古籍出版社，2003年。

月二日舉行「互祭」，並一同祭拜「土地公」，大肆慶祝，一方面感謝「福神」土地公的庇佑，一方又可以犒賞員工的辛勞。自此原本應該在每月朔、望日（初一、十五）「互市」前舉行的「互祭」儀式，就更改為「互市」後初二、十六的「做牙」拜拜，此種改變也成為往後商家日常生活遵循祭祀的慣例。清代著名的章回小說《儒林外史》第十八回裡即提到商家「牙祭」的習俗：

> 平常每日就是小菜飯。初二、十六，跟著店裡喫「牙祭肉」。[73]

商家在每個月的初二及十六兩日「做牙」祭祀「福神」，並於祭拜後將祭品煮成美味可口的佳餚來招待員工及親朋好友，由此可以得到證明。這種「做牙」的習俗隨著清初的移民傳至臺灣，成為今日臺灣歲時節令中最重要的祭祀活動之一。

　　臺灣民間每月初二、十六兩日「做牙」的祭祀活動中，除了祭拜土地公外也會一併祭拜「地基主」。不過也有些地方只在「頭牙」或「尾牙」時才會祭拜「地基主」，尤其是「尾牙」的祭拜，似乎已經成為一種民間共識的慣例[74]。而為何會在「做牙」時祭拜「地基主」，學者曹甲乙先生認為是出自我中華民族感謝恩德的傳統精神[75]；民俗工作者劉還月先生認為民間逢「牙」祭拜「地基主」，是希望其經年受人隆重祭祀之後，能保佑闔家平安，事

---

[73] 吳敬梓《儒林外史》，第十八回，頁185，智揚出版社，1993年。

[74] 筆者整理的資料中，各地多有在「尾牙」時，祭拜「地基主」的習俗。

[75] 曹甲乙〈也談民間俗信〉，頁39～40，《臺灣風物》26：02，1976年。

事順利[76]；筆者則認為這是基於民間傳統「先得先，後得後；大
（廟）有拜，小（廟）有喫」的觀念。所謂「先得先，後得後」
指的是在住戶還沒有搬進房屋之前，「地基主」已經先駐守在此
地，雖然祂的神格比土地公還要小，甚至還必須接受管轄，但是
祂畢竟是「宅地最早居住者」，因此必須禮敬祂以取得居住的平
安順利；所謂「大（廟）有拜，小（廟）有喫」指的是住戶「做
牙」祭拜過住家所在區域的土地公之後，也必須一併祭拜管轄自
家宅地的「地基主」，期盼祂和「土地公」（一位主內，一位主
外；一位神格小，一位神格大）能為住家帶來「福份」與「財運」，
庇祐一切能平安順利。

三、清明節

　　自冬至日後算起第一〇五或一〇六日為清明，換算陽曆則為
四月五日或六日，今政府將之定為四月五日。清明為二十四節氣
之一，臺灣民間沿襲大陸原鄉習俗，大多會在此日會舉行祭祖掃
墓儀式。舊志中對此有詳細的記載：

> 清明日，祀其祖先，祭掃墳墓；邀親友同行，輿步壺漿，
> 絡繹郊原。祭畢，藉草啣杯，遞為酬勸；薄暮乃歸。[77]

> 清明，插柳於戶。前後三日多墓祭，男婦老幼駕車以往，
> 邀親友與俱；設帳席地而飲，銜杯酬酢，薄暮乃歸。婦女

---

[76] 劉還月《臺灣歲時小百科》下冊，頁677，臺原出版社，1989年。
[77] 劉良璧《重修福建臺灣府志》，卷六〈風俗〉，頁96~97。

則就車設帷蓋其上。[78]

> 清明，追薦祖先，插柳戶上。前後日，人多墓祭，邀親朋
> 與俱；輿步壺漿，絡繹郊原。婦女盛服靚粧，駕車同至墓
> 所。祭畢，藉草啣杯，遞相酬酢。婦人設帷車中以飲，薄
> 暮乃歸。[79]

不過這對客家人及漳州籍的移民則例外，客家習俗於正月十六日
「掛紙」－掃墓[80]；漳州籍移民則在三月三日祭祖掃墓，並以鼠
麴草合米粉為粿來祭祀祖先，民間俗稱「三月節」[81]。

　　清明節當天除了要到祖墳掃墓上香外，家中也必須祭拜神明
及祖先，有些家庭甚至會一併祭拜門口、「地基主」。至於為何
會祭拜門口、「地基主」，筆者認為這是因為清明節與中元節同
屬於「鬼節」，二者都是以祭拜「亡靈」為主，所不同的是清明
節是祭拜自己的祖先（有祀之鬼）；中元節則是祭拜孤魂「好兄
弟」（無祀之鬼）。而民間一般家庭在祭拜祖先靈魂之餘，有的
也會顧及到家宅外的無嗣孤魂「好兄弟」及家宅內的無嗣「地基
主」靈魂，因此會另外準備供品祭拜，讓家宅內外的「亡靈」都
能享受到陽世住戶的供養，共同歡度清明。

---

[78] 周鍾瑄《諸羅縣志》，卷八〈風俗志〉，頁152。
[79] 陳文達《鳳山縣志》，卷之七〈風土志〉，頁86。
[80] 黃鼎松《頭屋鄉誌》，頁210，苗栗縣頭屋鄉公所，1996年。
[81] 劉良璧《重修福建臺灣府志》，卷六〈風俗〉，頁96。

四、端午節

　　端午節是臺灣民間重要的節日之一，每年農曆的五月五日被稱為端午節，又稱五日節、五月節。古代「午」與「五」同音，所以端午又稱端五、重午或重五。五月五日古人又有以蘭草湯沐浴的習俗；所以又叫「浴蘭節」。唐宋時，此日午時為「天中節」，而午時為「陽辰」，所以它又稱端陽。

　　有關端午節的起源，長期以來各家說法不一而足，而民間傳統觀念上，大都認為是為了紀念戰國時期楚國的愛國詩人屈原。屈原因憂國憂民，傷心之餘投汨羅江身亡，百姓不忍其屍體受魚群啃食，因而划船驅趕並餵食竹筒飯，衍生到後來發展成划龍船、包粽子的習俗。

　　端午節與清明節、中元節、過年（除夕）並稱一年當中的四大節日[82]。此日除了居喪之家外，一般住戶都會包粽子來祭拜神明及祖先，並在門口懸掛菖蒲、艾草、榕樹枝所繫成的除瘴避邪物。另外一些地方此日也會有祭拜門口及「地基主」的習俗，為何會有這種習俗，日人梶原通好認為端午節是為了祭祀死於水中的亡靈，而擴大祭祀的範圍，家宅內最早居住者的亡靈－「地基主」及家宅外沒有後嗣祭祀的亡靈－孤魂「好兄弟」，也會一並祭拜[83]。所以民間才會有在端午節祭拜門口及「地基主」的習俗。

---

[82] 徐福全總編纂《石門鄉志》，頁389，臺北縣石門鄉公所，1997年。
[83] 梶原通好《臺灣農民生活考》，頁74，南天書局有限公司，1941年。

五、中元節

　　民間以正月十五為「上元」，七月十五為「中元」，十月十五為「下元」，其中七月十五是「中元赦罪地官清虛大帝」的生日，俗稱中元節。臺灣民俗相信，農曆七月為「鬼月」，七月初一「開鬼門」，陰曹地府所有的孤魂野鬼會到人間來「討食」，所以各地要輪流舉辦普渡拜拜，直到七月三十日「關鬼門」為止。原本臺灣各地七月的普渡沒有固定的祭拜日期，只要是在農曆七月任何一天舉行即可，甚至有一些地方是以村莊或角頭輪流舉行普渡，將七月的每一天都排滿，讓孤魂野鬼每天都有的吃。直至民國四十一年，政府為推行節約拜拜政策，才將普渡的日期集中在七月十五日[84]，不過此一政策並未完全落實，仍有許多地方依照舊慣習俗在七月其它的日子舉行普渡。

　　農曆七月各地除了舉行普渡儀式外，一般住戶也會在七月初一、二十九（大月三十），拜門口敬奉孤魂野鬼。七月初一的祭拜俗稱「孝月頭」；七月二十九的祭拜則稱為「孝月底」，另外也會於七月十五中元節的時候，祭拜神明、祖先、門口及「地基主」。會祭拜「地基主」的原因，是民間將其視為住宅土地最先擁有者的靈魂，因為沒有後世子孫的祭拜而滯留於原土地，其本質也算是「孤魂」，因此在七月「鬼」的專屬月份中，家宅的祭祀除了神明、祖先外，也會一並祭拜「地基主」。

---

[84]　徐福全主稿《臺灣民間祭祀禮儀》，頁189，臺灣省立新竹社會教育館，1995年。

六、冬至

　　冬至俗稱冬節，是二十四節氣之一，就農曆而言冬至沒有固定的日子，一般是以陽曆的十二月二十二日或二十三日為冬至日。冬至是北半球白天最短，夜晚最長的一日，此日依照傳統習俗家家戶戶會以糯米作成湯圓、紅龜、菜包等來祭拜神明和祖先，祭拜後全家一起團圓吃湯圓，稱為「添歲」，並以湯圓沾粘在門扉、窗戶、桌椅、床櫃等處，稱為「餉耗」。清代周鍾瑄的《諸羅縣志》對此有詳細的記載：

> 冬至，糯米為湯丸，祀神及先祖畢，卑幼賀長者節，略如元旦，團圓而食，謂之添歲；古所謂「亞歲」也。門扉器物，各黏一丸於上，謂之餉耗。[85]

冬至也是各項契約簽訂之日。按照本省舊習俗，所有涉及耕地佃租、買賣、抵押等，大都在八月十五日預先談妥，俟冬至這一天，才正式簽立契約[86]。而仿照此習俗，民間也會在此日準備祭品來祭拜「地基主」，表示陽世的屋主持續向房屋所在土地陰間的所有人－「地基主」簽訂使用契約，並以祭拜儀式象徵完成支付契約金，自此住戶在「地基主」的保障下能安居樂業，出入平安。

七、除夕

　　除夕俗稱過年、辭歲，是民間歲時節慶中最重要的一個大日子，因為它是一年週期的結束，也是全家團員的節日。此日家家

---

[85] 周鍾瑄《諸羅縣志》，卷八〈風俗志〉，頁153。

[86] 王仲孚總編纂《沙鹿鎮志》，頁617，臺中縣沙鹿鎮公所，1994年。

戶戶除舊佈新並在門上張貼春聯、門神、春、福、招財進寶等，增添喜氣以迎接新的一年的到來。

　　民間除夕當天午後，各地住戶會準備牲醴、飯菜碗及一些過年應景的食品如年糕、發粿、菜頭粿、甜料、年柑等，來祭祀神明、祖先，並以春飯、麻油雞酒祭床母；以五味碗、年糕、甜料來祭拜門口及「地基主」。這些祭祀都是用來感謝神明、祖先、「地基主」、床母、門口公等一年來的庇佑，全家能順利平安過年，並祈求來年多福，諸事亨通。

第四節　祭祀「地基主」的祠廟

　　原本以家宅為主要祭祀場所的「地基主」信仰，不論是從其神格、職司或是所管轄的區域來看，是不必要，也不可能會有所謂的祭祀祠廟。但是，事實上卻不然，區域性「地基主」信仰產生後，「地基主」的祭祀場所也由家宅擴展到戶外的土地，「地基主」也如同村落土地公信仰一樣，有了公眾性的祭祀圈，村落的居民除了可以在家裡祭拜「地基主」外，也能選擇到鄰近的「地基主祠」祭祀。而「地基主」經由「地祇化」與「公共化」的角色調適，逐漸產生了積極呈現社會建構與領域整合的作用[87]，這種因區域整合及社會重組所產生的祭拜觀念轉化，對傳統「地基主」信仰而言，是一項重大的改變。

　　根據文獻資料記載以及筆者實際田野調查所得，目前臺灣民間確實有為數不少的專祀或祭祀「地基主」的祠廟，其規模有大

---

[87] 廖倫光編纂《臺北縣汀州客家宗祠與聚落關係調查研究》，頁 55，臺北縣政府文化局，2003 年。

有小，大者如同一般的庄廟或角頭廟；小者如同土地公廟仔或是
五營營寨，不過不管大小如何，這些祭祀「地基主」祠廟的存在
卻是一件不可否認的事實。以下是筆者就目前收集到的相關祭祀
「地基主」祠廟資料，依照縣市由南而北所做的歸納整理（請參
考表4-3）。

一、高雄縣相關祭祀「地基主」的祠廟

　　高雄縣有關奉祀「地基主」的祠廟相當多，單就學者簡炯仁
所著作的《高雄縣岡山地區的開發與族群關係》書中就記載將近
二十間，再加上其它相關文獻資料（如學者林美容所編纂的《高
雄縣民間信仰》）所提及，其數量堪稱全國第一。以下是筆者就
高雄縣境內收集到的「地基主」祠廟資料，所做的介紹。

（一）梓官鄉赤崁地基主祠

所在位址：高雄縣梓官鄉赤崁北路一二七巷入口處
創設日期：不詳，民國八十年（辛未年）改建為現今規模。
祀神區別：主祀神
祠廟現況：本廟外觀為傳統馬背式磚造建築，沒有廟門，入口處
　　　　　上方懸掛書有「地基主」之匾額，兩側對聯分別為：
　　　　　地壯神道平平光昭大寰宇（左）；基境春風習習澤被
　　　　　眾群離（右），廟右邊（白虎邊）建有金爐一座，廟
　　　　　左邊（青龍邊）則種植榕樹。
祀神造型：圖畫造型「地基主」（直接彩繪「地基主」形象於供
　　　　　桌後方牆壁）
　　根據《高雄縣民間信仰》書中記載，本廟「地基主」是當地

殺牛後，牛骨成堆，眾牛靈陰魂不散受奉祀而自稱的，是當地半漁半農的「討海人」（漁民）所信奉[88]。此廟原本很小，民國八十年改建為傳統馬背式磚牆建築，佔地面積約三坪左右，廟內以鐵架區隔內外，鐵架內沒有任何材質的神像，只有在供桌上方中央位置的牆壁上彩繪牛王圖像，代表主神「地基主」。所彩繪的牛王圖像留著長鬚被頭散髮，左手持劍，右手持令旗，長相與古人相差不多，所不同的是人頭上長著一對牛角，雙腿底下各自連接著牛蹄，會畫成這樣，大概是在告訴眾人，不要忘記本廟主神是由牛所轉化而成的。

　　鐵架內除了牛王圖像外，還設有五營旗，意味著牛王地基主如同一般廟宇神明，也領有兵馬；此外供桌上還擺設十八個香爐，不知何故，詢問當地人也不清楚，筆者猜想會不會是一共有十八頭牛於此地犧牲[89]，故設置十八個香爐，讓每一頭「牛靈」都享有自己的香火，各自修行早證正果。本廟主要祭祀日子為農曆七月二十六日的普渡及十二月二十六日的「地基主」誕辰，當日附近的住戶都會準備供品前來祭拜；另外鄰近廟宇神明出巡繞境時，也會順道前來參香致意，相當熱鬧。

（二）路竹鄉頂寮村三公宮

所在位址：高雄縣路竹鄉頂寮村三公路往庄內處

創設日期：光緒丙申（1895）年建，民國六十三年重建後配祀「地
　　　　　基主」。

---

[88] 林美容《高雄縣民間信仰》，頁120~122，高雄縣政府，1997年。

[89] 赤崁早期有糖廍，當地以牛車載送糖廍製糖用的甘蔗，現今赤崁媽祖廟赤慈宮還留有「牛車戲」的習俗。

祀神區別：配祀神

祠廟現況：本廟為歇山重簷建築，兩側為兩層樓房辦公室及倉
　　　　　庫，廟右邊（白虎邊）建有金爐一座，廟左邊（青龍
　　　　　邊）則種植榕樹。

祀神造型：木製牌位造型「地基主」

　　本廟創建於光緒丙申（西元 1895）年，現廟係民國六十三年
（西元 1974 年）陽月重建。廟內主祀觀音佛祖，同祀神魏府三公、
李府千歲、池府千歲、朱府千歲，配祀神：天上聖母（青龍邊）、
地基主（白虎邊）。廟名之所以會取為「三公宮」，是因為本廟
為頂寮村內三社的公廟，因此命名為「三公宮」。

　　三公宮廟內為何會配祀「地基主」？根據主任委員蘇玉田先
生的描述，本廟部分地基原本是一無祀孤魂之墓地，民國六十三
年廟宇重建整地時挖到墳墓骨骸，經廟內主神觀音佛祖指示，請
「土公仔」檢骨整理裝甕後，送往靈骨塔安置。廟宇重建落成後，
主神觀音佛祖同廟內眾神為答謝此一孤魂讓地建廟之情，特別拔
擢其充當本廟「地基主」並立神位配祀於廟內右側，同享萬年香
煙。此即三公宮廟內配祀「地基主」的由來。

　　本廟「地基主」並無固定的祭祀日子，除了配合廟內「神明
生」的祭祀外，附近住戶一般也會在歲時節慶祭祀「地基主」的
日子，準備供品來廟裡祭拜，自己家中就不再另外舉行祭拜儀
式，此種習俗相當特殊。

（三）旗山鎮鼓山下地基主祠

所在位址：高雄縣旗山鎮鼓山下上孔廟車道邊

創設日期：不詳，神位為民國五十五年十月十五日修，現廟係民
　　　　　國七十七年十一月修建。

祀神區別：主祀神

祠廟現況：水泥磚造建築，沒有廟門。廟前及廟內上方書寫斗大
　　　　　的「地基主」字體。本廟內外石柱上各有一副對聯，
　　　　　都是以「地、主」為起首字，廟外對聯為：地鎮旗南
　　　　　安庶象，主持世道仰神靈；廟內對聯為：地穴鍾靈祠
　　　　　建在，主魂顯赫宅平安。

祀神造型：石製牌位造型「地基主」

　　本廟所在位置是旗山鎮市區早期開發的中心點，創廟年代不
詳，廟內安置刻有「高公、陳媽祿位」字體的石製神位，神位左
上方落款「歲次丙午（民國五十五）年十月十五日修」字樣；右
下方則落款「諸弟子同敬獻」字樣。依據廟內供桌前方麒麟彩繪
及廟前上方大理石刻「地基主」字體落款的時間，現廟於民國七
十七年十一月修建。至於「高公、陳媽」為何會成為當地的「地
基主」，受人供奉祭拜？筆者推測二者應該是最早開拓旗山地區
的漢人開基地主，後來遷居此地的居民，為了求取居住的平安及
紀念或感謝其拓墾之功，因而建祠祭祀供奉。

　　此廟每日早晚有人上香敬茶，平時偶爾也會有人前來祭拜，
主要祭日以農曆的九月十五日為「地基主高公、陳媽」的聖誕千
秋日，當日附近的住戶會準備供品前來祭拜，並聘請戲班演戲叩
謝「地基主」的保佑。

（四）旗山鎮樂和路地基主祠

所在位址：高雄縣旗山鎮樂和路 184 縣道旁

創設日期：不詳

祀神區別：主祀神

祠廟現況：本廟位於路旁斜坡處，廟的四周鋪設水泥地面，並加

蓋鐵皮屋遮風避雨。廟身屬於磚造建築，屋頂為水泥
石板，廟基佔地相當小，連半坪都不到，類似一般的
小土地公廟仔或五營營寨。廟的正前方設有一瓷製小
型香爐作為天公爐；右前方則建有金爐一座。廟旁另
有懸掛一塊木牌，上面寫著「地基主爺負責人：陳吉
雄」。

祀神造型：原型「地基主」（無任何代表「地基主」的器物）

　　樂和路「地基主祠」位於高雄縣 184 縣道往旗山鎮市中心路
旁，創廟年代不詳，廟內除了三個塑膠酒杯、一對燈、一對花瓶、
一副筊杯、一個瓷製香爐及裝有線香的鐵罐外，沒有其它的器
物；廟簷前則懸掛書寫「有求必應」字樣的紅布條，要不是掛在
牆上的木牌寫著「地基主爺」，一般人一定會誤以為是「有應公
廟仔」或「土地公廟仔」，哪裡知道這是一座「地基主祠」。本
廟有專人負責管理，無固定祭祀日期。

（五）旗山鎮中寮里中寮地基主廟仔

所在位址：高雄縣旗山鎮中寮里中寮舊庄沿〔高 41〕與〔高 40〕
　　　　　交會處約一、二百公尺處左邊山崖上

創設日期：不詳

祀神區別：主祀神

祠廟現況：是由當地太祖廟左邊牆壁延伸加蓋相同格局的磚造建
　　　　　築

祀神造型：金斗甕造型「地基主」

　　根據《高雄縣岡山地區的開發與族群關係》一書記載，本廟
是中寮太祖公廟延伸加蓋而成的，二者中央相隔一面牆，佔地面
積不及半坪。廟內神龕中間放置一個與太祖廟大小相同並加蓋的

「太祖甕」，左右兩側各放置一個大小相同卻未加蓋的甕，內放零碎的遺骸；神龕外左側靠牆處也放置一個與太祖廟內相同的「金斗」[90]。

（六）田寮鄉南安村岡山頭地基主祠

所在位址：高雄縣田寮鄉南安村岡山頭〔臺 184〕大南天福德祠
　　　　　旁

創設日期：早於清乾隆十四（西元 1749）年，因為廟旁的大南天
　　　　　福德祠創建於清乾隆十四（西元 1749）年，而「地基
　　　　　主廟」又比土地公廟更早奠基於此。

祀神區別：主祀神

祠廟現況：為一新建的水泥磚造建築，內部牆壁貼上大型白色磁
　　　　　磚，金爐置於廟旁左方，廟旁右方樓梯上去就是大南
　　　　　天福德祠。

祀神造型：大理石製牌位造型「地基主」

　　根據崗山頭大南天福德祠主任委員黃榮輝先生及委員黃秀光先生陳述：本地早期並無任何廟宇，只有一座「地基主祠」，清乾隆十四（西元 1749）年，臺灣知府蔣大爺（名烜）遊歷大崗山時，行經崗山頭，見此地鍾靈毓秀，地理風水極佳，因而擇地興建福德祠，供奉福德正神，迄今已有三百多年歷史。委員黃秀光先生接著說：崗山頭原本是屬於「地基主」所管轄，福德祠建立後，福德正神取代「地基主」成為地方的守護神，而地方為了讓「地基主」與福德正神共享居民香火，就把「地基主祠」移到

---

[90] 簡炯仁《高雄縣岡山地區的開發與族群關係》，頁 43，行政院文化建
　　設委員會，2002 年。

廟旁，形成今日福德祠在上，「地基主祠」在下，相互為鄰的情景。

　　崗山頭附近居民將「地基主祠」視為家宅「地基主」的總管，因此逢年過節時住戶都會準備供品前來祭祀「地基主」，而不在自己的住家祭拜。此外每逢福德祠「土地公生」時，居民祭拜好土地公後，也會順道祭拜「地基主」以祈求居住平安。福德祠與「地基主祠」可說是崗山頭居民的信仰中心。

（七）田寮鄉南安村岡安路地基主祠

所在位址：高雄縣田寮鄉南安村崗安路 60 號五王宮旁
創設日期：不詳，據地方耆老云起源於清代。
祀神區別：主祀神
祠廟現況：為一新建的水泥磚造建築，內部牆壁貼上大型白色磁磚，廟旁右方為五王宮。
祀神造型：大理石製牌位造型「地基主」

　　田寮鄉南安村崗安路「地基主祠」位於五王宮旁。五王宮主祀五王公（即李、池、吳、朱、范五府千歲），根據《臺灣之寺廟與神明》一書記載，五王宮是因為「地基主」無處安身，屢向民眾託夢，於民國五十五年雕刻金身並建廟祀奉的。[91]不過根據筆者實地走訪田寮鄉五王宮發現，五王宮與「地基主祠」同時存在，而且並不是如同上述書中所言：五王宮是「地基主」無處安身，因而向居民託夢建造的。為了探究源頭，筆者訪問五王宮主任委員王金水先生及乩童張銀模之兄張竹欉先生，得到了以下的

---

[91] 仇德哉《臺灣之寺廟與神明（四）》，頁396，臺灣省文獻委員會，1983年。

資料。

　　依據五王宮主任委員王金水先生的說法：南安村當地早期沒有庄廟，只有一座「地基主祠」，民國五十五年左右，因為附近一戶人家家運不順遂，到處託神問佛，後來在鄰村擺東清水祖師及朝元寺觀音佛祖的指點下，必須雕刻五王金身膜拜，才能解決問題獲得平安。由於當時庄內沒有神明眷顧，庄民一聽說要雕刻五王金身供奉，非常高興，便集中出資雕刻經費並搭建公厝奉祀。神像開光當日，五王「採乩」附身於兩位村民身上，自云為五府千歲，特地前來駐守此地，護佑庄民，恢復村庄往昔繁榮之景。自此五王成為護持本村之神，五王宮也成為村民的信仰中心。

　　五王宮主神五王公即民間所稱的李、池、吳、朱、范五府千歲，屬「王爺」信仰系統，每逢大王李府千歲聖誕前夕，會不定期前往麻豆「代天府」進香，目前五王宮正改建中。

　　最後，筆者問及有關五王宮旁「地基主祠」的由來，當地居民張竹欉先生表示：「地基主祠」原本位於大馬路（崗安路）旁，祭拜的是最早開拓此地的漢人開基地主，此人因無後嗣，故建廟祭拜，本地稱為「有求必應地基主」。張先生接著說：當地人在「地基主」祠附近耕種，若不去祭拜打招呼，「地基主」就會作弄人，使得耕作不順利。本地因為有「地基主」祠，因此家中逢年過節、婚慶喜事或新居落成就不用在家裡面拜「地基主」，統統集中於「地基主祠」前祭拜，供品是牲醴一副，米酒、水果等。每逢五王宮王爺聖誕，村民在祭拜王爺之時，也會順道過去祭拜「地基主」，這是因為「地基主」比五王更早在此奠基，民間有所謂「先得先，後得後」的道理，所以「大廟有拜，小廟有吃」，

很富人情味[92]。

（八）田寮鄉崇德村崇德國小東圍牆邊地基主祠

所在位址：高雄縣田寮鄉崇德村崇德國小東圍牆旁

創設日期：不詳

祀神區別：主祀神

祠廟現況：廟基佔地不到一坪，廟高約 170 公分左右，為舊式紅
　　　　　磚建築，屋頂外層以波浪鋼板覆蓋，用於防漏，廟簷
　　　　　前懸掛一書寫「有求必應」的紅布條。

祀神造型：原型「地基主」（無任何代表「地基主」的器物）

　　本廟坐北向南，位於一荒地上，相當不顯眼，若不是當地住
戶指點，還不曉得在哪裡。此廟裡面並沒有任何代表「地基主」
的神位，不過從廟內所餘留未使用的線香及香爐上多根殘留的香
腳來看，平時應該有人前來燒香祭拜。

（九）田寮鄉崇德村山頂路地基主祠

所在位址：高雄縣田寮鄉崇德村山頂路

創設日期：不詳

祀神區別：主祀神

祠廟現況：水泥磚造建築，正面及外牆以洗石子方式處理，內部
　　　　　則貼上二丁掛磁磚。本廟正面以紅漆噴寫對聯一副，
　　　　　廟右為：地鎮脈頭保境吉穴鐘（鍾）人傑；廟左為：
　　　　　居衛靈公護民芝山澤地靈，橫批為：地光千里居旺正

---

[92] 筆者93年10月16日實際訪談資料。感謝五王宮王金水先生及張竹欉先
　　生協助。

氣財神主。

祀神造型：大理石牌位造型「地基主」

　　頂山路「地基主」主要是由崇德村田尾仔、營盤頂的居民所奉祀的，平時早晚都會有人前來燒香祭拜，香火還算不錯。本廟創廟年代不詳，廟內安置刻有「地基主」字體的大理石材神位，但是卻沒有在神位上落款安置的日期，相當可惜。另外，在「地基主祠」前面設有一小型長方桌，上置橡膠軟墊一塊，筆者推測這應該是用來「抓手轎摃明牌」求六合彩號碼用的，或許這就是本廟平時還會有人前來祭拜的主要因素之一。

（十）田寮鄉崇德村北勢宅地基主祠

所在位址：高雄縣田寮鄉崇德村北勢宅〔臺184〕道路旁

創設日期：不詳，金爐則於民國七十七年二月十九日（丁卯年十
　　　　　二月二十九日）由曾分賜全家捐獻完成。

祀神區別：主祀神

祠廟現況：水泥磚造建築，屋頂外層以波浪鋼板覆蓋，用於防漏
　　　　　，廟前懸掛一條八仙彩。廟左手邊有一座小型金爐。

祀神造型：原型「地基主」（無任何代表「地基主」的器物）

　　北勢宅「地基主」位於大馬路旁，相當不顯眼，如果不是當地人指引，一般路過的民眾很難想像在此偏僻之處，會有一座「地基主祠」。本廟起源不詳，廟裡面只供奉一個香爐，並無任何神位，另外還發現有供請示用的「筊杯」一副，而從廟內香爐所殘留的香腳來看，平日早晚應該有人前來燒香祭拜，因此還沒有到乏人問津的地步。

（十一）田寮鄉古亭村北排仔路頭地基主祠

所在位址：高雄縣田寮鄉古亭村排仔路頭善音寺右前方山坡上

創設日期：不詳

祀神區別：主祀神

祠廟現況：水泥磚造建築，屋頂上方覆蓋紅瓦片，廟簷前懸掛一
　　　　　條書寫「有求必應」的紅布。

祀神造型：原型「地基主」（無任何代表「地基主」的器物）

　　北排仔路頭「地基主祠」位於當地庄廟善音寺右前方山坡
上，裡面只供奉一個香爐，並無任何神位，廟簷前則懸掛一條書
寫「有求必應」的紅布，整體看起來相當冷清。

（十二）田寮鄉三合村茄苳湖地基主祠

所在位址：高雄縣田寮鄉三合村茄苳湖山邊緩坡上

創設日期：不詳

祀神區別：主祀神

祠廟現況：水泥建築，四周都是雜草，人煙罕見。

祀神造型：原型「地基主」（無任何代表「地基主」的器物）

　　茄苳湖「地基主祠」位於當地山邊緩坡上，位置相當偏僻，
筆者問了許多人都不知道，最後經由當地一位林姓農夫帶領下才
找到，而該農夫就是這座「地基主祠」的祭祀者之一。本廟相當
奇特，裡面供奉兩個香爐，不知何故；再者從廟內痕跡來看，先
前應該立有神位，但是不知道甚麼原因被剷除，筆者就此問題曾
詢問該農夫，其也答不出個所以然來，只知道這是族人所共同祭
祀的，之前是傳統磚造建築，最近幾年才改建成現今樣式，主要
祭祀的時間是清明、中元、尾牙、過年等年節。對此，筆者大膽

推測，會有兩個香爐，表示此廟內除了奉祀「地基主」外，還奉祀另一位不知名的神靈，因此若是要豎立牌位的話，二位神靈的名號都必須書寫，而先前在廟中應該只有單獨豎立「地基主」的神位，所以將此牌位剷除，以示公允。僅此提供參考。

（十三）田寮鄉田寮村擺東地基主祠

所在位址：高雄縣田寮鄉田寮村擺東庄外小山丘上

創設日期：不詳

祀神區別：主祀神

祠廟現況：水泥建築，屋頂兩側有馬背並覆蓋瓦片，廟旁四周都是雜草，人煙罕見。

祀神造型：原型「地基主」（無任何代表「地基主」的器物）

　　擺東「地基主祠」位於庄外的小山丘上，外型為一水泥建築，依照水泥痕跡來看，應該是近年才重建過。本廟位置相當偏僻，加上附近雜草叢生，若無熟人帶領，實在難以發現，筆者有幸在當地一位阿婆的帶領下，走了一小段山路，費盡千辛萬苦才找到。筆者曾問過阿婆為何要將「地基主祠」建在這裡，阿婆回答說：這是「地基主」自己選的，先前有庄民曾請示要遷回庄內，方便民眾燒香祭拜，不過「地基主」不願意，祂認為在此地清修相當好，不會受到干擾。

　　相較於前述「地基主祠」而言，本廟佔地面積算是比較大的，不過廟裡面只擺設一個香爐及一對燭座，因此顯得相當空洞與冷清。最後，有關「地基主祠」的來源，阿婆推說不清楚，只知道小時候就已經存在了，拜的是本地最早的所有者。不過，學者簡炯仁在所撰寫的《高雄縣岡山地區的開發與族群關係》書中，引述擺東當地士紳陳能通先生的口述，指稱當地之所以會有「地基

主祠」，主要是為了祭祀當年被漢人下女所害死的平埔族地主太太[93]，居民建廟祭拜來平息其怒氣並求取居住的平安。

（十四）燕巢鄉尖山村尖山地基主祠

所在位址：高雄縣燕巢鄉尖山村尖山巷尖山產業道路往北「太祖
　　　　　公廟」旁

創設日期：不詳

祀神區別：主祀神

祠廟現況：水泥建築，廟旁右側下方為「尖山太祖公廟」，左方
　　　　　為果園。

祀神造型：原為金斗甕造型「地基主」，本廟重建後則在廟內中
　　　　　央牆壁上鑲上大理石刻的「地基主」牌位。

　　根據廟旁果園的管理者告訴筆者，本廟最早是因為當地居民為安置無主的「金斗甕」所建造而成，初期以簡單的茅草搭建，現今已改建為「三片壁」的水泥建築。不過依照其奉祀的對象及性質來看，本廟應該屬於有應公信仰而非「地基主」信仰，為何廟中會鑲上大理石刻的「地基主」牌位？果園管理者解釋說：因為這些無主的「金斗甕」孤魂長期駐守於此地，常常顯靈庇祐地方，當地居民就把祂們視為地方的守護者並以「地基主」的名號來稱呼，每逢年節時會準備供品加以祭祀。

　　除了上述相關奉祀「地基主」的祠廟外，根據《高雄縣岡山地區的開發與族群關係》書中記載，燕巢鄉過鞍仔悟光寺山邊、田寮鄉古亭村應菜龍庄內東方郊野附近荒地及大滾水旁竹林

---

[93] 簡炯仁《高雄縣岡山地區的開發與族群關係》，頁 136，行政院文化
　　建設委員會，2002 年。

地、內門鄉瑞山村過溪仔、鹽水埔、田仔墘等地，也都有「地基主祠」[94]，其位置偏僻，相當難找。

二、臺南市相關祭祀「地基主」的祠廟

臺南市祭祀「地基主」的祠廟相當少，筆者目前只找到兩間，今說明如下。

（一）中區民權路大上帝廟－北極殿「地基主祠」

所在位址：臺南市中區民權路二段八十九號

創設日期：北極殿－明永曆十九（1665）年，「地基主祠」－清末

祀神區別：旁祀神

祠廟現況：歇山重簷建築，整體可區分為有騎樓的前殿、帶有拜亭的正殿以及有左右廂房的後殿，「地基主祠」就位於後殿右側廂房。本廟因年代久遠被列為國家二級古蹟。

祀神造型：神像造型「地基主」

根據廟方所印發《中和境北極殿簡介》資料記載，北極殿又稱真武殿、上帝公廟、大上帝廟、有別於人稱「小上帝廟」的開基靈佑宮。本殿位於明鄭時期的承天府，東安坊鷲嶺之頂，明永曆十九（1665）年創建，原廟名稱為大上帝廟，至咸豐四年重修以後才更名為北極殿[95]。

---

[94] 同上引述，頁45、134。

[95] 林森榮編撰《中和境北極殿簡介》，頁2，中和境北極殿管理委員會印製。

　　北極殿「地基主祠」位於本廟後殿右側廂房，此處清時原為戍臺桐山營班兵住宿待渡回鄉之會館，清嘉慶九（1804）年由里人方相、林慶雲、蔡光准等鳩資建造完成[96]，至於何時改為「地基主祠」，目前尚無確實之資料，不過就此處原為桐山營班兵會館來論，若要改成奉祀「地基主」的廟堂，至少也要等待戍臺班兵裁撤或改寓他處才可行，而最有可能的時間是在清朝末年，這也是北極殿「地基主祠」可以追溯較早的創建年代。

　　本殿「地基主祠」所供奉的「地基主」屬於神像造型，民間又稱之為朱王爺，據廟方所言，廟中祭拜「地基主」朱王爺，實際上就是在祭拜鄭成功。根據廟方人員敘述，上帝廟是鄭成功來臺時所建立，鄭氏去世之後，地方居民為感念其恩德，於廟內塑像供奉並以明朝國姓來稱呼之。明鄭滅亡後，清政府統治臺灣，地方居民對祭祀鄭成功之事不敢過於明目張膽，因而改以「地基主」稱之。此乃基於上帝廟為鄭氏所擇地建立，相對於當時的土地制度而言，鄭氏就是廟地地基之主，所以稱其為「地基主」也不為過。自此北極殿「地基主祠」就有明拜「地基主」，暗拜鄭成功之說。不過筆者對廟方將「地基主」朱王爺視為鄭成功的說法，有所質疑，因為根據廟方所出版的《中和境北極殿簡介》資料記載，北極殿於明永曆十九（1665）年所創建，但是鄭成功在抵臺第二年，也就是永曆十六（1662）年五月即因病去世，因此何來有興建之事實。再者，根據《臺南州寺廟臺帳》記載，北極殿為鄭克塽時建設[97]。鄭克塽為鄭經之子，鄭成功之孫，永曆三

[96] 謝金鑾《續修臺灣縣志》，卷五〈外編・寺觀〉，頁337。

[97] 《臺南州祠廟名鑑》，頁19，臺灣日日新報社，昭和八（1933）年，影印本。

十五（1681）年正月繼承鄭氏王位，經營臺灣。北極殿若是鄭克塽時所修建，那麼廟中現存明寧靖王朱術桂於永曆二十三（1669）年，所書寫的「威靈赫奕」木匾，又該做何解釋。由此可知，如果北極殿是鄭氏王朝所興建，最有可能的創建者，就是於永曆十六年至三十四年在位主政的鄭經[98]。

其次根據鑲崁於北極殿註生娘娘祠前，清道光十八（1838）年五月初八所立的〈大上帝廟桐山營四條街公眾合約〉碑文記載有關本廟的創建，談到「明裔朱氏名戀，牧豕其地，祀神靈感，里眾乃以其地建廟，兼塑其像於西廊」。此段文意說明北極殿未建廟前，是明朝後裔朱戀的養豬之地，北極殿建廟後也將朱戀塑像並供奉於西廊，而朱戀應該就是目前大家所稱的「地基主」朱王爺。雖然這種創建說法無法證明是對是錯，不過碑文倒也提供了一條訊息，即清道光十八（1838）年前，「地基主」朱王爺神像就已經存在，而且與現今廟方所說的是鄭成功的化身，有所出入。

最後，就「地基主」朱王爺神像造型而言，一般鄭氏系統王爺造型中，鄭成功（大王）及鄭經（二王）二位王爺神像具蓄長鬚，因為前者逝世時年方三十九，後者則四十歲，其臉部蓄鬚乃正常之行為。然而觀察北極殿「地基主」朱王爺的神像，其臉部卻光滑無鬚，因此若是要將其視為鄭成功的化身，此點就無法解釋清楚。

綜合上述說法，北極殿所奉祀的「地基主」朱王爺，到底是

---

[98] 有關北極殿的創建年代，學者卓克華傾向於永曆十六年至二十三年，其中以永曆二十二年最有可能。詳見《從寺廟發現歷史》，頁 270，揚智文化，2003 年。

不是鄭成功的化身，其爭議性相當大，足具討論空間。總不能說因為北極殿是明鄭時期創建的，加上鄭成功曾受明朝皇帝賜封國姓－「朱」，就把「地基主」朱王爺與鄭成功畫上等號，而不去考慮廟中石碑所記載的其它說法（指明裔朱懋在此間牧豕，祀神之事。），此種不求事實真相就輕言下定論的做法，很容易造成誤導，實在有進一步考察與釐清的必要。

（二）北區文成里安聖宮－「地基主廟」

所在位址：臺南市北區文成里文成路一二八號

創設日期：民國八十九年

祀神區別：主祀神

祠廟現況：廟前有角鐵架設的簡易牌樓，廟埕左前方設有馬草水，右方則是地方人士泡茶聊天之處。本廟大門書有以「地、基」二字為起首的對聯一副，左聯為：地利人和呵護四時香火盛；右聯為：基安神佑帡幪百姓主恩深。

祀神造型：神像造型「地基主」

　　臺南市小北安聖宮主祀「地基主公」，配祀福德正神、中壇元帥（三太子）地方俗稱「地基主廟」。根據廟方所述，聖安宮「地基主」在世時姓江，因對地方開墾建設有功，辭世後私人奉為神祇，之後神威顯赫，頗有靈感，當地居民感念其庇護之功，商議「落公」建廟鎮守地方，並乞得臺南市天公廟玉皇大帝之敕封為「地基主」，成為地方的守護神。

　　安聖宮於民國八十九年落成，是小北地區的「角頭廟」，有專責的管理委員會，每年農曆八月十六日是主神「地基主」的「神明生」，本日除了會聘請戲班演戲為其慶祝外，有時還會舉辦繞

境儀式，保佑境內居民平安順利[99]。

三、臺南縣相關祭祀「地基主」的祠廟

臺南縣相關祭祀「地基主」的祠廟，目前發現的以白河地區居多，此外在東山、龍崎、新化地區也有找到，今敘述如下。

（一）白河鎮六重溪水湖地基主廟仔

所在位址：臺南縣白河鎮六重溪水湖往福安宮土地公廟牌樓路旁

創設日期：不詳

祀神區別：主祀神

祠廟現況：水泥磚造建築，屋頂以石綿瓦片覆蓋，廟門貼有以
　　　　　「地、基」二字為起首的對聯一副，左聯為：地天承
　　　　　運命難抗；右聯為：基靈顯威八方應，門楣橫批：地
　　　　　靈人傑水湖居。本廟旁另有土地公廟仔一座，造型材
　　　　　質與地基主廟仔同，不過相較下規模略顯小些。

祀神造型：牌位造型「地基主」

本廟位於白河鎮六重溪水湖往關子嶺福安宮土地公廟路旁，位置相當偏僻，附近住家也相當少。廟內所供奉的「地基主」屬於牌位造型，其樣式是在四方紅紙上書寫「地基主公神位」字體，再裱以相框置於神桌上，作為信眾膜拜的對象，這種作法可說是最簡單造型的牌位「地基主」。

---

[99] 詳見九十二年九月八日中華日報南市新聞－小北安聖宮慶「地基主」
　　聖誕繞境，市長贈匾。

（二）白河鎮草店里黃姓地基主廟仔

所在位址：臺南縣白河鎮草店里大厝 7 鄰，縣道 13 號往關帝廳
　　　　　的路旁
創設日期：不詳，據云起源於清末。
祀神區別：主祀神
祠廟現況：典型「三片壁」的水泥建築，屋頂以波浪鋼板覆蓋，
　　　　　廟身高度約二公尺，廟基佔地約一坪半左右，內部陳
　　　　　設相當簡單。
祀神造型：原型「地基主」，在祠內中央牆壁上直接書寫「地基
　　　　　主」名號。

　　本廟屬於家族性的「地基主廟仔」，是由當地黃姓家族到此
地開墾時所建造奉祀，目前主要的祭祀者也是當地黃姓後代子
孫。

（三）白河鎮草店里施家地基主廟仔

所在位址：臺南縣白河鎮草店里 79 號施天益鐵工廠內
創設日期：清末時奉祀，迄今百餘年歷史。
祀神區別：主祀神
祠廟現況：位鐵工廠內，傳統磚造建築，屋頂以石綿瓦片覆蓋。
祀神造型：原型「地基主」，在祠內中央牆壁上直接書寫「地基
　　　　　主」名號。

　　此廟原本位於當地一棵榕樹下，因為某種因素而遷移至施天
益先生的土地上，後來土地蓋起鐵工廠，「地基主廟仔」也就順
理成章的被包在裡面，成為奇特的「厝內廟」。本座「地基主廟
仔」也是屬於家族性祠廟，是由當地施姓人家所祭祀，平時屋主

早晚會燒香膜拜，遇到重要的節日如過年、清明、中元節等，住在附近的施家子孫會集體前來祭祀，祭拜完後，家裡面就不再另行祭拜「地基主」。

（四）白河鎮草店里李家地基主廟仔

所在位址：臺南縣白河鎮草店里 64 號住家旁竹林內

創設日期：清末時奉祀，迄今百餘年歷史。

祀神區別：主祀神

祠廟現況：傳統磚造建築，屋頂覆蓋灰黑色瓦片。

祀神造型：原型「地基主」，在祠內中央牆壁上張貼書寫「地基主」名號的紅紙。

　　同上述兩間「地基主廟仔」一樣，本廟也是屬於家族性祠廟，是由當地李姓人家所祭祀，建造迄今也有百餘年的歷史。

（五）白河鎮草店里往內角國小路邊的地基主廟仔

所在位址：臺南縣白河鎮草店 38 之 9 號民宅旁

創設日期：不詳

祀神區別：主祀神

祠廟現況：傳統磚造建築，屋頂以石綿瓦片覆蓋。

祀神造型：原型「地基主」，在祠內中央牆壁上張貼書寫「地基主」名號的紅紙。

　　本廟造型和前述草店里李家、施家「地基主廟仔」類似，筆者研判應該是同一個時期所建立。不過和前述家族性祠廟不同，此廟為附近住戶所祭拜，屬於區域性的公廟，依廟內香爐上正燃燒的線香來看，平時早晚應有人前來燒香膜拜，因此不會顯得太冷清。

（六）東山鄉水雲村外滴水仔地基主祠

所在位址：臺南縣東山鄉水雲村外滴水仔戲臺東側

創設日期：清代

祀神區別：主祀神

祠廟現況：水泥建築，類似一般小土地公廟。

祀神造型：原型「地基主」

　　外滴水仔是位於東山鄉水雲村深山林內的一個小村庄，位置相當偏僻，目前約十來戶人家居住在於此，主要姓氏以曾姓居多。本座「地基主祠」坐落在入庄處廣場的戲臺東側，祠內只擺設香爐、酒杯，若是無當地人說明，一定會把它當作是土地公廟。此外，在「地基主祠」西邊牆壁上，斜躺著一塊百年歷史的石敢當，平時晨昏由住在附近的曾石古奉香敬酒，[100]此種「地基主」與石敢當相互為鄰，同受奉祀的情形，相當罕見。

（七）龍崎鄉新市子地基主廟仔

所在位址：臺南縣龍崎鄉新市子 108 號民宅前

創設日期：不詳

祀神區別：同祀神

祠廟現況：水泥建築，廟前懸掛一條紅布，上面由左而右直書：
　　　　　兵舍；地基主、福德正神；弟子黃排全家叩謝；歲次
　　　　　甲申年七月吉旦。

祀神造型：原型「地基主」，在祠內中央牆壁上直接書寫「地基
　　　　　主」名號。

　　本廟位於民宅右前方，鄰近馬路，廟後方有階梯，位置相當

---

[100] 黃文博《南瀛石敢當誌》，頁179，臺南縣文化局，2001年。

特殊。此廟內奉祀「地基主」與福德正神，廟外懸掛署名黃排所敬獻的紅綢布一條，時間是甲申（2004）年農曆七月。

（八）新化鎮那菝林王將軍廟旁地基主廟仔

所在位址：臺南縣臺南縣新化鎮那菝林（臺南醫院新化分院往東
　　　　　50 公尺處）

創設日期：清代

祀神區別：主祀神

祠廟現況：本廟位於榕樹下，廟旁是有應公性質的王將軍廟，廟
　　　　　地面積不到一坪，廟身為水泥建築，屋頂覆蓋紅瓦
　　　　　片，內部擺設相當簡陋。

祀神造型：金斗甕造型的「地基主」

　　本廟所供奉的是埋在當地農田裡的無嗣孤魂，因長期在地下潛修而有能力，後來經農民耕作整地時不慎被挖出，進而裝甕供奉於大樹下，附近的居民以「地基主」稱呼之。

四、嘉義市相關祭祀「地基主」的祠廟

（一）東區神農里春圃（神農）地基主祠

所在位址：嘉義市東區神農里 13 鄰朝陽街 49 巷底

創設日期：清代，現廟係於民國 51 年重建。

祀神區別：主祀神

祠廟現況：位於巷子底，廟身為水泥磚造建築，四周圍覆蓋鐵厝，
　　　　　廟外設有天公爐，另外廟門有一副以「地、基」為起
　　　　　首字的洗石子材質對聯，左聯為：地顯威靈存國土；
　　　　　右聯為：基同盤石利民生，廟門上還懸掛一支刺繡的

八仙彩,再上去就是弧形的壓克力招牌,上面寫著春
圃地基主祠。

祀神造型:早期為牌位造型「地基主」,現今於牌位前增祀神像。

春圃又名「春牛埔」位於現今嘉義市朝陽街和民國路交會處
附近,清朝時屬於諸羅縣城外東南郊區,每逢立春前一日,知縣
率所屬俱穿蟒袍補服到此行迎春禮,此後這一帶的田野即稱為
「春牛埔」。

根據祠內牆壁碑誌記載,神農「地基主祠」於民國五十一年
四月十三日,由陳品田、陳歡清、林水盛、黃仟、李茂榮等五人
發起興工重建,同年的五月二十四日竣工落成。本廟內除供奉「地
基主」石製牌位外,還於牌位前奉祀六尊神像,分別為鎮殿—孫
金武(赭臉無鬚)、出巡駕—仇吉連(赭臉短鬚)、過爐—沈天
歡(綠臉長鬚)、地基主公及文武挾恃,相當特殊。至於為何會
奉祀孫金武、仇吉連、沈天歡等三人之金身,筆者曾詢問當地人,
但是大都不知情,個人推測應該是當地先前地主或是在此地修持
而得道者,後人因而立金身祭祀。

本廟是當地住戶的信仰中心,廟內備有「六十甲子籤詩」供
信徒求籤問事,非常罕見。每年的農曆八月二十八日是「地基主
公」的聖誕日,此日附近的居民大都會準備牲體供品前來祭拜,
廟方也會在朝陽街巷口處懸掛書寫賀詞的燈籠以示慶祝,相當熱
鬧。

(二)西區義昌里萬善君廟地基主祠

所在位址:嘉義市西區義昌里延平街 370 號萬善君廟後殿
創設日期:清代
祀神區別:主祀神

祠廟現況：前殿為有應公廟，後殿為「地基主祠」，前殿左側空
　　　　　間為義昌里辦公處。

祀神造型：牌位造型「地基主」

　　萬善君廟主祀神像造型的萬善君，屬於無祀孤魂信仰，廟後
為「地基主祠」，奉祀三塊石製牌位，分別為中間：「五十代地
基主」，龍（左手）邊：「五十年前地基主、二位頭人」，虎（右
手）邊：「李氏、羅氏、李氏女士之英靈」，其中僅知龍邊的牌
位是民國三十八年五月製作的[101]，其它兩塊製作時間都已軼失。
至於為何會有二塊「地基主」神位及一塊女性英靈牌位同祀一
起，筆者推測應該是附近不同地區供奉「地基主」及英靈牌位的
祠廟，因拆遷或毀損等因素而合祀於同一廟內，才會有今日一廟
三塊牌位同聚一的景象。

五、嘉義縣相關祭祀「地基主」的祠廟

　　嘉義縣相關祭祀「地基主」的祠廟，無論是在山邊或是在平
地都能找到，其祠廟樣式及祀神造型也相當豐富，以下是筆者就
目前已收集到的資料，所做的說明。

（一）大林鎮下潭底樊祖地基主廟

所在位址：嘉義縣大林鎮平林里下潭底 26 之 1 號簡姓民宅旁
創設日期：清代，現廟民國七十二年重建。
祀神區別：主祀神
祠廟現況：水泥建築，周圍以覆蓋以鐵皮屋頂，旁邊為大林國宅

---

[101] 此塊牌位兩側皆有落款，左側：民國三十八年五月置，右側：嘉義市
　　民生路三五一號。

及朝聖宮。

祀神造型：牌位造型「地基主」

本廟坐落於大林慈濟醫院附近，是當地庄廟朝聖宮的附屬廟，廟內供奉「開基樊祖地基主」大理石牌位，門口則有對聯一副，左聯：樊氏神威護黎民；右聯：姑婆顯赫佑蒼生，依照此副對聯來看，「樊祖地基主」生前可能是當地樊姓的開基女始祖，附近土地早期應該都是其所屬產業。

根據當地一位八十幾歲簡姓老阿嬤的說法，供奉元帥爺公（指中壇元帥三太子）的朝興宮廟地原本屬於「樊祖地基主」所有，因為元帥爺公要蓋廟，所以禮讓其使用。村民在建造好朝興宮之後，另外在廟旁左邊空地建了一座「地基主廟仔」，來供奉「樊祖地基主」，並於春、夏、秋、冬四季及逢年過節時祭拜，與朝興宮通享居民香火。

（二）太保市新埤洪地基主公廟

所在位址：嘉義縣太保市舊埤里新安七街一二三托兒所旁，華濟
社區（嘉義花園新城第一勞宅）最右後方

創設日期：清代，現廟民國八十九（己卯年十二月）年落成安座。

祀神區別：主祀神

祠廟現況：右手（白虎）邊設有廁所，廁所前方不遠處有金爐乙
座，左手（青龍）邊則是空地，地上有幾座墳墓。此
外，廟門上有一副以「基、主」為起首字的對聯，左
聯為：基佔龍穴靈昭太保香煙盛；右聯為：主顯神光
廟鎮新埤俎豆馨。

祀神造型：神像造型「地基主」

據當地一位年長的里民敘述，本廟原本是養豬場旁一間不起

眼的小廟，在地人把它視為祭拜有應公的陰廟，一般人如過從廟旁經過而不停下來祭拜，回去後就會發生一些奇怪的事，輕者身體不適，重者運途不順，厄運連連，相當邪門。後來此地被建設公司相中，規劃為勞工住宅社區，建屋販售。當時建設公司曾向小廟許願，若果勞工住宅銷售情況良好的話，願意給予翻新重蓋大廟，果真所有的勞宅銷售情況特佳，讓建商賺了不少錢，而建設公司也因此依約還願，大興土木將小廟翻蓋成大廟並取廟名為「洪地基主公廟」。

　　本廟採管理委員會制，廟內供奉「洪地基主公」、福德正神、中壇元帥等三尊神像，每逢諸神生日時，廟方會聘請布袋戲演出以示慶祝，社區居民也會準備生理供品來此祭拜，相當熱鬧。

（三）奮起湖火車站鐵道旁地基主祠

所在位址：嘉義縣竹崎鄉奮起湖火車站附近福德宮土地公廟旁
創設日期：日據時代，民國八十四年同福德宮重建。
祀神區別：主祀神
祠廟現況：水泥建築，周圍以覆蓋以鐵皮屋頂，左手邊為福德宮土地公廟。
祀神造型：牌位造型「地基主」

　　據當地耆老所言：「地基主」是日據時代來此修建鐵路的工人所安置，目的是為了祈求居住平安及工程順利，迄今已有近百年的歷史。

（四）奮起湖太和公路旁地基主祠

所在位址：嘉義縣竹崎鄉中和村縣道 169 太和公路彎道往來吉處
創設日期：不詳

祀神區別：主祀神

祠廟現況：水泥建築，周圍以覆蓋以鐵皮屋頂，旁邊為小土地公
　　　　　廟。

祀神造型：牌位造型「地基主」

　　本座「地基主祠」是筆者到奮起湖旅遊時無意中發現的，其
位於太和公路彎道往來吉處，是進入大凍山登山口檢查哨必經之
地，位置相當偏僻。不過從兩間小廟香爐內殘留的香腳以及正在
燃燒的盤香來看，平時應該有人前來燒香祭拜，可見兩廟在此地
的重要性。

（五）竹崎鄉中和村永和地基主廟仔

所在位址：嘉義縣竹崎鄉中和村臺 18 號公路永和段

創設日期：不詳，現廟民國六十九年同保安宮重建。

祀神區別：主祀神

祠廟現況：大理石建築，佔地面積約一坪左右，高約二公尺半，
　　　　　廟前設有採光罩連接至旁邊的保安宮福德正神廟。廟
　　　　　門口除書有「地基主廟」字體外，還有一副以「地、
　　　　　基」為起首字的對聯，左聯為：地氣澤民福；右聯為：
　　　　　基通溥財源。

祀神造型：牌位造型「地基主」

　　永和「地基主廟」位於保安宮福德正神廟旁，廟內所奉祀的
「地基主」石牌年代相當久遠，除外形有剝落損害外，牌位上的
字體已經消失不見。本廟與保安宮同為地方上的信仰中心，平時
早晚有人燒香敬茶，一般居民到保安宮祭拜時，也會順道至此上
香，因此香火還算可以。

（六）阿里山鄉山美村地基主祠

所在位址：嘉義縣阿里山鄉山美村縣道 129 往達娜伊谷路旁坡地
　　　　　上

創設日期：民國七十幾年建

祀神區別：主祀神

祠廟現況：水泥建築，旁邊為土地公廟仔。

祀神造型：牌位造型「地基主」

　　達娜伊谷位於嘉義縣阿里山鄉山美村，屬於曾文溪上游支流，氣候宜人、風景秀麗、溪中巨石嶙峋、水質清澈見底，是自然生態的保育公園。此地居民大都為原住民，屬於鄒族，其宗教信仰與平地漢人有異，因此在這裡能見到「地基主祠」相當奇特，據當地人的說詞，這是民國七十幾年時，來這裡修築道路的承包商所建立，除「地基主祠」外，還有一座土地公廟仔，目的是為了祈求施工人員平安及工程的順利。

　　本座「地基主祠」內供奉一塊書寫「地基主公神位」的大理石牌位，內部擺設相當簡陋，也沒有甚麼香火，大概是地處原住民區域，宗教信仰不同，所以比較少人前來祭拜吧。

（七）溪口鄉疊溪村三疊溪地基主祠

所在位址：嘉義縣溪口鄉疊溪村 91 縣道往西出庄處路旁

創設日期：不詳

祀神區別：主祀神

祠廟現況：水泥磚造建築，內部分隔為二個空間，左邊供奉福德
　　　　　正神圖像，右邊則奉祀「地基主」，廟旁兩側及後方
　　　　　都是水稻田。

祀神造型：牌位造型「地基主」

　　疊溪村因位於三疊溪畔而得名，村內包括三疊溪及下員林兩個聚落。疊溪村早期僅有十六塊厝，分上、下庄，人口並不多，祖籍大多為廣東省饒平縣，祖先於三、四百年前渡海來此拓墾而居，村內居民以劉姓為大宗，其他姓氏則為晚期遷入或入贅於此之後代，全村人數約一千多人，是個典型的農業聚落。

　　三疊溪「地基主祠」位於嘉義縣溪口鄉疊溪村 91 縣道往西出庄處路旁，廟身左右側牆壁前有兩棵榕樹，祠內分隔為二個空間，左邊供奉福德正神圖像，右邊則奉祀署名「劉陳聰敏」的牌位，依照其姓氏來看，此人生前應該是入贅於此地劉姓人家，但是不知何故卻成為無祀孤魂[102]，依附在自己舊有的土地上而成為「地基主」，與土地公同享村民的祭祀。

六、雲林縣相關祭祀「地基主」的祠廟

　　雲林縣相關祭祀「地基主」的祠廟，筆者目前僅在北港鎮劉厝里及古坑鄉華山村發現，今說明如下。

（一）北港鎮劉厝里地基主廟仔

所在位址：雲林縣北港鎮劉厝里劉家古厝旁
創設日期：不詳，據云應有百年歷史。
祀神區別：主祀神
祠廟現況：水泥建築，內部陳設相當簡單。

---

[102] 依照閩南舊習俗，入贅之夫百年往生後，其神主牌位是不能奉祀於女方祖宗廳堂內。所以三疊溪「劉陳聰敏」牌位或許是因為如此而被奉祀於外，成為當地「地基主」。

祀神造型：牌位造型「地基主」

　　本地最早是由一戶劉姓人家到此開拓定居，因而取名為劉厝里。不過雖然名為劉厝里，但是現今居民卻以吳姓居多，劉姓人家子孫早已遷居它處，只留下一棟殘破的古厝。而在古厝旁邊有一間「三片壁」的「廟仔」，裡面供奉的就是劉姓開基主的神位，神位上面書寫「劉開基地基主神位」幾個字，擺設相當簡單，主要祭祀者為附近的居民。

（二）古坑鄉華山村地基主廟仔

所在位址：雲林縣古坑鄉華山村華山社區

創設日期：不詳

祀神區別：主祀神

祠廟現況：多以沉積岩所切割的石板堆砌架構而成的小空間，分
　　　　　布於社區山林步道旁。

祀神造型：原型「地基主」

　　根據《悠遊華山－華山之美導覽手冊》資料記載，華山社區每個角落裡，大都可以找到用沉積岩所切割的石板堆砌架構而成的小空間，這些就是本地人稱為地區守護神的「地基主廟仔」，居民經常於各大節慶活動時，加以膜拜，祈求居住平安、六畜興旺[103]。

---

[103] 賴秀絹《悠遊華山－華山之美導覽手冊》，頁185～186，雲林縣華山國民小學，2003年。

七、南投縣相關祭祀「地基主」的祠廟

（一）集集鎮富山里地基主祠

所在位址：南投縣集集鎮富山里集集山下登山道旁

創設日期：民國七十年左右

祀神區別：主祀神

祠廟現況：水泥建築，高約一公尺左右，位於檳榔園中。

祀神造型：牌位造型「地基主」

　　本廟為私人所有，是當地果園地主獨自創建的，時間約在民國七十年左右，主要目的在祈求耕種的平安順利。

（二）鹿谷鄉仁義路地基主祠

所在位址：南投縣鹿谷鄉仁義路旁

創設日期：民國六十年左右

祀神區別：主祀神

祠廟現況：水泥磚造建築

祀神造型：原型「地基主」

　　本廟位於鹿谷鄉仁義路上，建廟迄今已有三十多年的歷史，主要祭祀者為附近的居民。

（三）竹山鎮桂林里地神府

所在位址：南投縣竹山鎮桂林里大智路過溪仔邊處

創設日期：不詳

祀神區別：主祀神

祠廟現況：水泥磚造建築

祀神造型：神像造型「地基主」

　　根據學者王志宇在竹山地區的調查研究記載，地神府位於當地桂林里大智路土名過溪仔邊處，廟中供奉神像造型的「地基主」。本廟起源不詳，據云緣起於清代，初時僅為石砌小祠，民國八十一年才改建為現今水泥磚造小廟[104]。

　　其實在竹山地區還有一些祭祀性質與「地基主」信仰相類似的祠廟，如山崇里水底寮三世恩公廟、富州里齊伯公廟、大鞍里頂鹿寮莊仙公廟及三層坪蔡三公廟、福興里泉州寮黃德公廟等。這些祠廟的祀神起源不是因為「先住者」亡故後，沒有後嗣子孫祭祀，不然就是因為特殊事件而枉死於當地者，後來的居民為了平息鬼魂的作祟，避免居住的不平安，於是共同發起建廟奉祀之。學者王志宇認為這一類的無嗣孤魂信仰，其名稱較特殊及屬神神格具爭議，有別於當地的百姓公與大眾爺信仰，因此歸類為特殊信仰[105]。然而筆者認為，就目前民間把「地基主」當成是土地原地主或「先住者」的觀念而言，上述祠廟所供奉的無嗣孤魂，其本質就是民間所稱的「地基主」，差別的是地方上是以所知道的姓氏或名字來作為祀神名號，如莊仙公、齊伯公、黃德公等，而不以「地基主」這個通俗的名號來稱呼之。

　　一般來說，民間區域性的「地基主」信仰，其祀神性質與「有應公」信仰大致相同，其用意都是在於安撫無人祭祀的孤魂屬鬼，使能有立足之地並獲得香火。然而不論是以「地基主」或是以「百姓公」、「萬善公」等屬神慣用的名號來稱呼，筆者認為應該是地方居民認知上的差異。不過雖然稱謂不一樣，但是卻無

[104] 王志宇《臺灣的無祀孤魂信仰新論－以竹山地區祠廟為中心的探討》，頁 190，《逢甲人文社會學報》，第 6 期，2003 年。
[105] 同上引述，頁 188~190。

法改變其「無祀孤魂」的祭祀本質，畢竟一個信仰的形成與轉化，是長時間社會風俗的累積，只要有一定的發展脈絡可循，並不會因為外在名稱的不同而模糊原本的信仰性質。否則，同樣性質的祀神，民間只要多換幾個不一樣的稱呼，就有可能會產生出許多不同的祭祀說法，這對民間信仰研究而言，非但沒有幫助，還可能造成更多的誤導，相當不妥。

八、彰化縣相關祭祀「地基主」的祠廟

（一）埔鹽鄉永樂村（永樂社區）竹仔腳地基主祠

所在位址：彰化縣埔鹽鄉永樂村大新路二巷 107 號住家附近
創設日期：八十多年前，約民國十年左右。
祀神區別：主祀神
祠廟現況：水泥磚造建築
祀神造型：牌位造型「地基主」

　　彰化縣埔鹽鄉永樂村（永樂社區）竹仔腳地基主祠一共有兩處，本處是位在住戶楊海天家旁，廟中供奉書寫「地主公神位」字樣的大理石牌位，牌位是鑲嵌於牆壁上，主要祭日是每年農曆的一月二十日及七月十六日，信徒大都是竹仔腳附近的居民。

（二）埔鹽鄉永樂村永樂國小旁地基主祠

所在位址：彰化縣埔鹽鄉永樂村大新路永樂國小附近
創設日期：八十多年前，民國七十五年重建。
祀神區別：主祀神
祠廟現況：水泥磚造建築
祀神造型：牌位造型「地基主」

本座「地基主祠」位於當地住戶黃木叢家旁，緊臨永樂國小，廟中供奉書寫「林胡」及「林栽」的牌位，主要祭日是每年農曆的一月二十日及七月十六日，信徒大都是廟旁附近的居民。

根據當地社區所發行的《親境‧里仁‧永樂春》一書敘述，相傳竹仔腳附近八十多年前是一片芒草叢生之處，本村牛埔厝董順益在此做長工放牛，後來牛隻生病，董順益懷疑牛隻驚擾到當地過往的地主林胡，因而向其許願並稱牛隻好後願為其建造一所遮風避雨之處。後來，果真所有生病的牛隻都好了，董順益依約委請當地的黃石頭先生相地建廟，而此間廟也由黃石頭先生負責整理祭拜，至今已有八十多年的歷史。建廟之初，廟中只供奉林胡的牌位，後來又有人增祀林栽的牌位，原因為何，不得而知。本廟創建後毀於民國七十五年的韋恩颱風，現廟是由黃木松先生發起樂捐建造的[106]。

（三）北斗鎮後港路後港地基主祠

所在位址：彰化縣北斗鎮後港路後港巷路旁

創設日期：不詳

祀神區別：主祀神

祠廟現況：水泥磚造建築，廟門口書有以「地、主」二字為起首
　　　　　的對聯一副，左聯為：地建萬年基；右聯為：主立千
　　　　　祥臨，門楣橫批：永居善基祠。

祀神造型：牌位造型「地基主」

　　本座地基主祠大小類似一般的五營營寨，佔地面積不到半

---

[106] 胡啟智編纂《親境‧里仁‧永樂春》，頁 20，彰化縣埔鹽鄉永樂社區發展協會，2003 年。

坪，內部供奉書有「地主公」的大理石神位，主要祭拜者為後港
巷附近的居民。

（四）鹿港鎮廖厝里地基主祠

所在位址：彰化縣鹿港鎮廖厝里學子巷附近

創設日期：民國七十一（壬戌）年臘月

祀神區別：主祀神

祠廟現況：水泥磚造建築，廟右方設有小型磚造建築

祀神造型：牌位造型「地基主」

　　根據鹿港鎮公所出版的《鹿港鎮志》記載，廖厝里原本有兩
座「地基主祠」，後來因為當地要蓋房子，經擲筊徵得二處「地
基主」同意，遷移到現今地點並合併一同建廟奉祀。本廟為「三
片壁」的水泥磚造建築，內部供奉書有「地基主（中）、地蔭老
夫人（左）、金公老夫人（右）香位」之牌位，主要祭祀日期為
過年、清明節、中元節，信徒為附近洪、楊、陳、曾等住戶[107]。

　　依照《鹿港鎮志》表二之二鹿港寺廟表記載，鹿港鎮內應該
不只一間「地基主祠」，有可能是這些祠廟具有「地基主」信仰
的性質，但是祀神名稱卻不是「地基主」，因而被歸類為有應公
廟。例如：溝墘里的吳巧良廟（當地人死後受祀，舊時亦稱「地
基主」）、頂番里萬善堂（主祀地主公、萬善公）、街尾里廟仔
公祠（主祀廟仔公）、頂厝里歷靈祠（主祀歷年地陰王）等[108]，
筆者僅就此提出供作參考。

---

[107] 許雪姬主修《鹿港鎮志》，〈宗教篇〉，頁78，鹿港鎮公所，2000年。
[108] 同上引述，頁79~101。

九、臺中市相關祭祀「地基主」的祠廟

臺中市南區合作街城隍廟前廣場右側，有一座特殊造型的泰國式「地基主」，全臺獨一無二，今敘述如下。

所在位址：臺中市南區合作街城隍廟前廣場右側

創設日期：民國七十年左右

祀神區別：旁祀神

祠廟現況：水泥磚造建築

祀神造型：泰國式造型「地基主」

臺中市南區合作街城隍廟前泰式造型的「地基主」，是旅居泰國的信徒所捐贈的。根據廟方主持林先生的口述，二十多年前（約民國七十年左右），有一位在泰國經商的信徒贈送城隍廟一座泰式廟宇的建築模型，起初廟方也不知道該如何處置，後來在城隍爺的指示下，就把它當成本境的「地基主」來供奉祭拜。本座「地基主」為丁型的立體石柱，石柱上方平臺放置一座小型的泰式廟宇建築模型，柱身刻有「本境地基主神」六個字，柱體四周則以鐵欄杆包圍保護，整體高度約一公尺半左右。其實城隍廟「地基主」的泰式廟宇建築造型，在泰國馬路旁時常見到，當地人把它當作是奉祀土地神祇的地方，如同本地路旁的小土地公廟一樣，因此城隍廟把它當成「地基主」來祭拜，也算是適得其所，更突顯出民間信仰的多元豐富與包容。

城隍廟「地基主」安座後，就顯得非常靈驗。附近一些熱心的商家告訴筆者，「九二一」地震以後中部地區的房地產業非常低迷，許多房子賣不掉的建商，都來求助「地基主」公，期望能順利的完成交易。後來有一些建商如願的將房子賣掉，不但準備牲醴、素果、金銀紙錢來答謝，有的甚至還聘請戲班演戲大肆慶

祝，最熱鬧時整個廣場到處都是牲醴、供品，一時之間「地基主」公的威名傳遍整個臺中地區。

十、新竹縣相關祭祀「地基主」的祠廟

新竹縣湖口鄉三元宮三官大帝廟，是筆者在新竹地區目前唯一找到有奉祀「地基主」的廟宇，該廟內左廂房所配祀「地基主」神位，今簡介如下：

所在位址：新竹縣湖口鄉湖鏡村 6 鄰 136 號

創設日期：日治大正三（1914）年

祀神區別：旁祀神

祠廟現況：歇山重簷建築，廟前兩旁有涼亭，現今（2005/1/21）
　　　　　整修中。

祀神造型：牌位造型「地基主」

湖口三元宮坐落於湖口老街頭，主祀三官大帝。根據《湖口鄉志》記載，三元宮分靈自新豐鄉中崙三元宮，日治時期大正三（1914）年起建，大正七（1918）年完工落成[109]。三元宮「地基主」奉祀於廟內左廂房，所供奉的就是當年（日治大正三年，西元 1914 年）捐獻廟地地主的長生祿位，一是「廟基施主紳員羅朝昇諱志旺長生祿位」，一是「地基施主羅公諱如嚴之祿位」。羅如嚴與羅朝昇一為十五世，一為十六世，乃叔侄關係，羅朝昇因為少年得志，中過清末武秀才，擁有功名，故其牌位在左，而身為叔父的羅如嚴牌位則屈居右側[110]，二者對三元宮及地方有建設之功，因而受鄉民立長生祿位奉祀於廟中，與三官大帝等神祇

---

[109] 《湖口鄉志》，頁302~303，新竹縣湖口鄉公所，1996年。

[110] 卓克華《從寺廟發現歷史》，頁315，揚智文化，2003年。

共享萬年香火。

十一、臺北縣相關祭祀「地基主」的祠廟

　　就筆者目前所收集到的資料，臺北縣有關祭祀「地基主」祠廟，主要分布於三芝鄉鄰近淡水、陽明山等區域的聚落內，如興華村車埕「十八灣古道」登山口處附近民宅的「地基主廟仔」，北新莊路旁「三姓公廟」所奉祀的「張、陳、林地基主」[111]，以及許厝、內崁仔腳、木屐寮、橫山、尖鹿、泉州厝、三空泉、錫板、石頭厝、忠寮、後寮、店子等庄社內，不顯眼的林下閒地或是小徑坡崁邊的「地基主廟仔」，這些都是最具地方特色的陰鬼信仰[112]。

　　本區域內的「地基主廟仔」，其創建年代大都不詳，祠廟外觀也相當簡單，除傳統水泥磚造建築外，有的還是維持在早期以幾塊大石互疊所架構的祭祀空間，相當原始。這些廟內所供奉的大多是屬於石製牌位造型「地基主」，牌位上面書刻「地基主」名號，若廟內還供奉其它的同祀神，也會將其名號一併刻上去，因此只要看到這些牌位就可以清楚辨別是「地基主廟仔」，不致於誤認成土地公廟仔。此外，由於地處偏僻，上述「地基主廟仔」香火寥寥無幾，主要祭祀者為當地居民，祭祀時間大都於集中於歲時節慶，平時甚少人前往祭拜。

---

[111] 小基隆文史工作室〈佑我斯土－土地公（二）〉，《三芝鄉立圖書館讀者簡訊》第九期。

[112] 廖倫光編纂《臺北縣汀州客家宗祠與聚落關係調查研究》，頁 54~55，臺北縣政府文化局，2003 年。

十二、宜蘭縣相關祭祀「地基主」的祠廟

宜蘭縣相關祭祀「地基主」的祠廟，筆者目前僅找到一間，即羅東鎮萬仙宮廟，今簡介如下：

所在位址：宜蘭縣羅東鎮仁愛里與竹林里交界之仁愛新村小水溝旁

創設日期：民國六十年左右創建，七十二年重建。

祀神區別：主祀神

祠廟現況：典型有應公廟，佔地面基約二十坪，廟旁設有金爐一座。

祀神造型：神像造型「地基主」

根據《羅東鎮志》記載，本廟創建原因起源於三十多年前，因為當地所飼養的豬隻常溼熱悶死，村民四處求神問卜，經指示必須在當地建廟奉祀「地基主」，地方才能平安順利。眾人聽從指示鳩資興建「地基主廟」並命名為萬仙公廟，主祀「地基主」－萬仙公。本廟初建時佔地面積約五坪左右，民國七十二年經地方人士黃呈藩、簡漢正、游興照、林傳枝、李來福等人發起改建成二十坪左右的廟宇，之後又於民國七十九年重建金爐，始有現今莊嚴之廟貌。本廟採管理人制，廟務經費靠信徒樂捐之香油錢，每年農曆七月十一日為萬仙公聖誕千秋日，當地居民除了準備牲體供品前來祭拜外，也會聘請野臺戲慶祝，相當熱鬧[113]。

由上述資料來看，臺灣民間各地專祀或祭祀「地基主」的祠廟，除少數可以追溯出創設年代外，其餘大都語焉不詳，問及當地耆老也只能依照過去的記憶，得到一個概略性的時間而已。筆

---

[113] 游榮華主修《羅東鎮志》，頁664~665，宜蘭縣羅東鎮公所，2002年。

者推測大概是因為這些祭祀「地基主」祠廟，不如庄廟或土地公廟來得重要，再加上其祭祀性質帶有無祀孤魂色彩，人們基於安撫目的而搭建小祠廟加以祭拜，若非祭祀時間，平時一般人是不會隨意靠近的，自然而然也不會在意其創建的年代及所祭祀的「地基主」為何。

其次，有些縣市「地基主」廟的分布似乎有區域化的特徵，如高雄縣田寮鄉及旗山鎮一帶、臺南縣白河鎮草店里一帶、嘉義縣的阿里山地區、雲林縣古坑鄉華山地區等。這些地區為何會有較多的「地基主」廟？其創建是否起源於同一個因素或習俗？諸如此類問題值得日後再深入研究探討。

表 4-3：全臺地基主廟調查一覽表

編號	寺廟名稱	祀神別	祀神造型	創設日期	所在位址
1	赤崁地基主祠	主祀神	圖畫神像	不詳，八十年改建	高雄縣梓官鄉赤崁北路一二七巷入口處
2	頂寮村三公宮	配祀神	木製牌位	六十三年重建後配祀	高雄縣路竹鄉頂寮村三公路往生庄內處
3	鼓山地基主祠	主祀神	石製牌位	不詳，七十七年修建	高雄縣旗山鎮鼓山下上孔廟車道邊
4	樂和路地基主祠	主祀神	原型	不詳	高雄縣旗山鎮樂和路184縣道旁
5	中寮地基主廟仔	主祀神	金斗甕造型	不詳	高雄縣旗山鎮中寮里中寮舊庄沿〔高41〕與〔高40〕交會處
6	岡山頭地基主祠	主祀神	石製牌位	早於清乾隆十四（1749）年	高雄縣田寮鄉南安村岡山頭〔臺184〕大南天福德祠旁
7	岡安路地基主祠	主祀神	石製牌位	不詳，據耆老云源於清代	高雄縣田寮鄉南安村崗安路60號五王宮旁
8	崇德國小基主祠	主祀神	原型	不詳	高雄縣田寮鄉崇德村崇德國小東圍牆旁

9	山頂路地基主祠	主祀神	石製牌位	不詳	高雄縣田寮鄉崇德村山頂路
10	北勢宅地基主祠	主祀神	原型	不詳	高雄縣田寮鄉崇德村北勢宅〔臺184〕道路旁
11	排仔路頭地基主祠	主祀神	原型	不詳	高雄縣田寮鄉古亭村排仔路頭善音寺右前方山坡上
12	茄苳湖地基主祠	主祀神	原型	不詳	高雄縣田寮鄉三合村茄苳湖山邊緩坡上
13	擺東地基主祠	主祀神	原型	不詳	高雄縣田寮鄉田寮村擺東庄外小山丘上
14	村尖山地基主祠	主祀神	金斗甕造型及石製牌位	不詳	高雄縣燕巢鄉尖山村尖山巷尖山產業道路往北「太祖公廟」旁
15	北極殿地基主祠	旁祀神	木刻神像	清末	臺南市中區民權路二段八十九號
16	文成里安聖宮	主祀神	木刻神像	民國八十九年	臺南市北區文成路一二八號
17	水湖地基主廟仔	主祀神	相框裱褙牌位	不詳	臺南縣白河鎮六重溪水湖往福安宮土地公廟牌樓路旁
18	黃姓地基主廟仔	主祀神	原型	不詳，據云起源清末	臺南縣白河鎮草店里大厝7鄰，縣道13號往關帝廳的路旁
19	施家地基主廟仔	主祀神	原型	清末奉祀，迄今百年歷史	臺南縣白河鎮草店里79號施天益鐵工廠內
20	李家地基主廟仔	主祀神	原型	清末奉祀，迄今百年歷史	臺南縣白河鎮草店里64號住家旁竹林內
21	草店地基主祠	主祀神	原型	不詳	臺南縣白河鎮草店38之9號民宅旁
22	外滴水仔地基主祠	主祀神	原型	清代	臺南縣東山鄉水雲村外滴水仔戲臺東側
23	新市子地基主廟	同祀神	原型	不詳	臺南縣龍崎鄉新市子108號民宅前

24	那菝林王將軍廟旁地基主廟	主祀神	金斗甕造型	不詳	臺南縣臺南縣新化鎮那菝林（臺南醫院新化分院往東 50 公尺處）
25	春圍地基主祠	主祀神	牌位、神像造型	清代，現廟係民國 51 年重建	嘉義市東區神農里 13 鄰朝陽街 49 巷底
26	萬善君廟地基主祠	主祀神	石製牌位	清代	嘉義市西區義昌里延平街 370 號萬善廟後殿
27	下潭底地基主廟	主祀神	石製牌位	清代，現廟民國七十二年重建	嘉義縣大林鎮平林里下潭底 26 之 1 號簡姓民宅旁
28	新埤洪地基主公廟	主祀神	木刻神像	清代，現廟民國八十九年建	嘉義縣太保市舊埤里新安七街一二三托兒所旁
29	奮起湖火車站鐵道旁地基主祠	主祀神	石製牌位	日據時代，民國八十四年重建	嘉義縣竹崎鄉奮起湖火車站附近福德宮土地公廟旁
30	奮起湖太和公路旁地基主祠	主祀神	石製牌位	不詳	嘉義縣竹崎鄉中和村縣道 169 太和公路彎道往來吉處
31	永和地基主廟仔	主祀神	石製牌位	不詳，現廟民國六十九年重建	嘉義縣竹崎鄉中和村臺 18 號公路永和段
32	山美村地基主祠	主祀神	石製牌位	民國七十幾年建	嘉義縣阿里山鄉山美村縣道 129 往達娜伊谷路旁坡地上
33	三疊溪地基主祠	主祀神	石製牌位	不詳	嘉義縣溪口鄉疊溪村 91 縣道往西出庄處路旁
34	劉厝里地基主廟	主祀神	石製牌位	不詳，百年歷史	雲林縣北港鎮劉厝里劉家古厝旁
35	華山村地基主廟	主祀神	原型	不詳	雲林縣古坑鄉華山村華山社區
36	富山里地基主祠	主祀神	石製牌位	民國七十年	南投縣集集鎮富山里集集山下
37	仁義路地基主祠	主祀神	原型	民國六十年	南投縣鹿谷鄉仁義路旁

38	桂林里地神府	主祀神	木刻神像	不詳	南投縣竹山鎮桂林里大智路過溪仔邊處
39	城隍廟地基主祠	旁祀神	泰式造型	民國七十年左右	臺中市南區合作街城隍廟前廣場右側
40	竹仔腳地基主祠	主祀神	石製牌位	民國十年左右	彰化縣埔鹽鄉永樂村大新路二巷 107 號住家附近
41	永樂國小旁地基主祠	主祀神	石製牌位	八十多年，民國七十五年重建	彰化縣埔鹽鄉永樂村大新路永樂國小附近
42	後港地基主祠	主祀神	石製牌位	不詳	彰化縣北斗鎮後港路後港巷路旁
43	廖厝里地基主祠	主祀神	石製牌位	民國七十一年	彰化縣鹿港鎮廖厝里學子巷附近
44	湖口鄉三元宮	旁祀神	木製牌位	大正三年	新竹縣湖口鄉湖鏡村 6 鄰 136 號
45	興華村車埕地基主廟	主祀神	原形	不詳	臺北縣三芝鄉北新莊興華村車埕「十八灣古道」登山口處民宅旁
46	北新莊三姓公廟	主祀神	石製牌位	不詳	臺北縣三芝鄉北新莊路旁
47	三芝地基主祠	主祀神	石製牌位	不詳	臺北縣許厝、內崁仔腳、木屐寮、橫山、尖鹿、泉州厝、三空泉、錫板、石頭厝、忠寮、後寮、店子等庄社內
48	羅東鎮萬仙宮廟	主祀神	木刻神像	民六十年創建，七十二年重建	宜蘭縣羅東鎮仁愛里與竹林里交界之仁愛新村小水溝旁

資料來源：筆者自行整理

第五章

結論

　　就民間信仰觀念而言，土地不僅是陽世「活人」的生活使用
空間，也是陰間「死靈」活動或駐足的地方，人住的土地是從亡
靈讓渡給人適合住的場所。換句話說，在傳統陰、陽觀念認知下，
人們認為土地具有陰與陽雙重的性質，「陽世人」與「陰間靈」
同時享有土地的所有權。而民間祭拜「地基主」的意義，除了是
在向陰間業主——「地基主」取得土地居住所有權外[1]，也在告知
先前的陽間業主亡魂以及依附在這塊土地上的孤魂「好兄弟」，
本塊土地已經過合法的買賣轉讓程序，業權已歸他人所擁有，自
此不許再來打擾侵犯。此種做法就如同土地舊制舊慣中，厝主向
「地基主」繳納借地金（地基租）一樣，陽間的厝主以供品及金
銀紙錢來向陰間的「地基主」納租，而收了租金的「地基主」就
必須負有保護陽間厝主的責任並阻擋任何不當的干擾。這樣的祭
祀形式，反映出當時社會的土地制度與交易處理方式，使得「地
基主」信仰帶有較濃厚的功利主義及實用主義色彩；身為厝主的
人們只要以祭拜的方式來繳納租金，「地基主」自然而然的就會
肩負起一切的責任，保障厝主的權利。而透過祭祀儀式利用神祇
來取得陰界土地合法居住權的信仰觀念，在當時移民拓墾取得土
地權利的過程中，可以滿足移民者以自我為中心的價值觀，並取
得陰陽兩界人與天地諸靈的認同。如此符合現世利益追求的信仰
文化，能在臺灣民間流傳迄今，並非偶然。

　　不過這種源自於大陸原鄉的信仰文化，隨著移民拓墾傳至臺
灣後，在時間、空間、社會風俗等環境因素長期影響下，也有了

---

[1]　一般廟宇、宗祠或傳統建築若是舉行過謝土儀式及安「磚契」，則不
　　需再祭拜「地基主」，而一般住家因無舉行正式謝土儀式，因此必須
　　祭拜「地基主」。

不同程度的改變，而有別於原傳統，意味著臺灣漢人由移民社會走向「土著化」轉變成為土著社會[2]，以下就是筆者針對「地基主」信仰本土化的特徵，所做的說明。

一、信仰性質的改變

「地基主」主要祭祀的對象是土地「地基」的業管神明，因此在崇祀性質上可歸類為土地信仰。不過，這種信仰形態傳至臺灣民間後，因為後人不了解祭祀的起源，只憑自我的主觀意識以及對祭拜現象與環境背景的觀察，在以訛傳訛的情形下，將「地基主」信仰誤以為是靈魂崇拜，把陰間的「地基主」當作是陽間土地「地基」之主（亦稱做地主、地基主）死後的靈魂。這些鬼魂或許已經隨著後世子孫的遷移而離開了原本居住的土地，但是也有可能因為沒有後嗣而成為無人祭祀的孤魂厲鬼（好兄弟），以致陰魂不散而滯留原居住地，因此後住者必須加以祭祀以防止其作祟生禍。

臺灣民間將「地基主」信仰視為是靈魂崇拜後，許多地方不只將土地先前所有權者或開墾者當作是「地基主」來祭拜，更擴大解釋將滯留於土地上的「陰魂地主」，也當作是「地基主」，而有了區域性「地基主」信仰的產生。如此一來，意味著「地基主」也如同村落土地公信仰一樣，有了公眾性的祭祀圈，村落的居民除了可以在家裡祭拜「地基主」外，也能選擇到鄰近的「地基主祠」祭祀。而原本以家宅為信仰基礎的「地基主」，經由「地祇化」與「公共化」的角色調適，逐漸產生了積極呈現社會建構

---

[2] 陳其南〈清代臺灣社會的結構變遷〉，頁116，《中央研究院民族學研究所集刊》第四十九期，1980年。

與領域整合的作用[3]，這種因區域整合及社會重組所產生的祭拜觀念轉化，對傳統「地基主」信仰而言，是一項重大的改變。

二、「地基主」祠廟的建立

　　一般來說，以家宅為主要祭祀場所的「地基主」信仰，不論是從其神格、職司或是所管轄的區域來看，是不必要，也不可能會有所謂的專祀祠廟。但是，事實上卻不然，區域性「地基主」信仰產生後，「地基主」的祭祀場所也由家宅擴展到戶外的土地，再加上其祀神性質大都是屬於孤魂厲鬼的「靈魂」崇拜，一般人也不希望引入家宅內祭祀，但是也不能加以得罪，因此最好的方式就是為其找個棲身安息之所，而建立一座人人都可以祭拜的區域性「地基主」祠廟，正是最好的解決之道。

　　根據文獻資料記載以及筆者實際田野調查所得，目前臺灣民間確實有為數不少的專祀或祭祀「地基主」的祠廟，其規模有大有小，大者如同一般的庄廟或角頭廟；小者如同土地公廟仔或是五營營寨。這些祭祀「地基主」的祠廟，除了少數可以追溯出創設年代外，其餘大都語焉不詳，問及當地耆老也只能依照過去的記憶，得到一個概略性的時間而已。筆者推測大概是因為這些祭祀「地基主」祠廟，不如庄廟或土地公廟來得重要，再加上其祭祀性質帶有無祀孤魂色彩，人們基於安撫目的而搭建小祠廟加以祭拜，若非祭祀時間，平時一般人是不會隨意靠近的，自然而然也不會在意其創建的年代及所祭祀的「地基主」為何。

---

[3]　廖倫光編纂《臺北縣汀州客家宗祠與聚落關係調查研究》，頁 55，臺北縣政府文化局，2003 年。

三、「地基主」具象化

　　原本沒有神位或神像等象徵性器物的「地基主」信仰，傳至臺灣後，在各地奉祀「地基主」的祠廟陸續建立下，由最初家庭祭祀的「無象」，轉變成有象徵性器物可供膜拜的「具象」，各種不同款式的「地基主」造型因應而生，如「牌位造型」、「金斗甕造型」、「圖畫造型」、「神像造型」，甚至「泰式造型」，令人感到相當特別，也突顯出「地基主」信仰在臺灣所發展出的特殊祭拜風格。

四、祭拜方式的不同

（一）祭祀日子的不同

　　臺灣民間各地祭祀「地基主」的日子大都不同，比較常見的有農曆的初一、十五或初二、十六，此外還有元宵節、頭牙、清明節、端午節、中元節、冬至、尾牙、除夕（過年）等歲時節日。若是排除農曆的初一、十五或初二、十六不論，根據筆者的資料統計，一般以尾牙及除夕（過年）兩日是居民最常祭拜「地基主」的日子。此外，民間在動土、奠基、入厝、謝土、普渡或超拔法會、建醮設壇等日子，也會祭拜「地基主」，祈求平安順利。

（二）祭拜位置及方向的不同

　　民間有關「地基主」的祭祀位置，各地的習俗不盡相同，沒有一個統一的地方，不過大抵上不超出廚房、後門、客廳、大門等幾處。至於祭拜的方向，不論是在廚房、後門處或是在客廳、大門處，其祭祀的方向一定是向屋內祭拜，因為「地基主」就在屋內土地之中，若是向屋外祭拜，就不是在拜「地基主」而是在

祭拜四方的孤魂「好兄弟」，有違其祭祀意義。

除了向屋內祭拜「地基主」，南部地區也有住戶面向屋內兩側的牆壁來祭拜。這是因為當地認為「地基主」所管轄的範圍以房屋四周為界限，其活動路線也是以房屋四周為主，因此才會面向牆壁祭拜。

（三）祭拜供品的不同

依照民間傳統祭祀習俗，祭拜「地基主」的供品主要以五味碗為主。當然有些家庭也會準備牲醴及素果來祭拜「地基主」，如此是比較周到一點的。此外，祭拜「地基主」時也必須準備酒和白米飯，其數量多寡隨各地風俗之不同而有所差異。供一杯、一碗者者即謂「地基主」只有一人，用一杯酒、一碗飯、一雙筷子來祭拜就可以；供二杯者認為有「地基主」就有「地基主婆」，因此必須準備兩杯酒、二碗飯、二雙筷子供其夫妻飲食，此外也有人認為二為雙數屬陰，而「地基主」是陰神，因此以雙杯酒來祭拜[4]；供三杯酒、三碗飯、三雙筷子者則比照一般祀神禮儀，所謂「無三不成禮」，用三的禮數來供奉「地基主」以表達最大的敬意。

（四）燒化金銀紙錢的不同

一般祭拜「地基主」所使用的「冥紙」以銀紙、經衣最為普遍，有些地方還會搭配使用刈金或九金。銀紙有大、小銀之分，通常用於祭拜祖先、孤魂幽鬼及普渡儀式上；經衣是紙錢的一

---

[4] 李登財、劉還月《神佛正傳與祭拜須知－春之卷》，頁65，常民文化，2000年。

種，用於祭拜沒有子嗣的孤魂野鬼，其形制為一尺乘三寸五分，印有墨色的男女衣裳、帽、鞋、梳子、剪刀、扇子等圖樣。至於為何會普遍使用銀紙、經衣，這是因為民間將「地基主」歸類為陰鬼，與孤魂「好兄弟」同類，因此才會焚燒專供祖先、亡魂使用的銀紙及可以提供孤魂陰鬼整理儀容使用的經衣，來表達誠敬的謝意。

臺灣民間「地基主」信仰的多元發展，充分反映出先民渡海來臺拓墾，對於土地所產生的不安全感。他們除了透過土地開發或交易取得實質的所有權外，還希望透過民俗宗教儀式的進行，來取得土地在陰間的所有權，確保土地及居住在土地上的人不受鬼靈的干擾。因此，為了排除對同樣存在於土地上鬼靈的恐懼與不安，取得居住的合法性而舉行的「地基主」祭祀儀式，這樣的活動，無論是在心理層面上的慰藉或是在精神層面上的價值認知，應該是可以被大家所理解的。

徵引書目

壹、中文資料

一、史料

西漢：司馬遷原著、楊家駱主編《史記》，1979 年鼎文書局出版。

漢：許慎撰，清・段玉裁注《說文解字注》，1990 年黎明文化出版。

漢：王充《論衡》，1983 宏業書局出版。

明代：正統年間編纂《正統道藏》，1977 年新文豐出版社出版。

明代：陶宗儀《南村輟耕錄》，2004 年北京中華書局出版。

1685（康熙 24）年：杜臻、周于仁、胡格、林謙光《澎湖臺灣紀略》，臺銀版。

1696（康熙 35）年高拱乾《臺灣府志》，臺銀版。

1719（康熙 58）年：周鍾瑄《諸羅縣志》，臺銀版。

1720（康熙 59）年：陳文達《鳳山縣志》，臺銀版。

1740（乾隆 5）年：劉良璧《重修福建臺灣府志》，臺銀版。

清代：吳敬梓《儒林外史》，1993 年智揚出版社出版。

清代：翟灝編《通俗編》，1968 年藝文出版社出版。

1821（道光 10）年：謝金鑾《續修臺灣縣志》，臺銀版。

1874（同治 13）年：林焜熿《金門志》，臺銀版。

1893（光緒 19）年：林豪《澎湖廳志》，臺銀版。

1897（光緒 23）年：鄭鵬雲、曾逢辰纂輯《新竹縣志初稿》，臺銀版。

1904（光緒 30）年：臨時臺灣土地調查局《清代臺灣大租調查書》，臺銀版。清光緒：黃叔璥《臺海使槎錄》，臺銀版。

日治初期：不著撰人：《安平縣雜記》，臺銀版。

日治時期：臨時臺灣舊慣調查會《臺灣私法物權篇》，臺銀版。

1920（大正9）年：連橫《臺灣通史》，1994年眾文圖書出版。

二、臺灣各地方志

1972年：李汝和《臺灣省通志》，臺灣省文獻委員會出版。

1976年：黃旺成等編纂《新竹縣志》，新竹縣政府出版。

1977年：陳其懷《雲林縣志稿》，雲林縣政府出版。

1981年：不著撰人《高樹鄉志》，屏東縣高樹鄉公所出版。

1984年：曾藍田《臺中市志》，臺中市政府出版。

1985年：江英次《阿蓮鄉志》，高雄縣阿蓮鄉公所出版。

1986年：范域屏主編《大樹鄉志》，高雄縣大樹鄉公所出版。

1989年：張勝彥總編纂《臺中縣志》，臺中縣政府出版。

1988年：石萬壽主纂《永康鄉志》，永康鄉公所出版。

1992年：瞿海源《重修臺灣省通志》，臺灣省文獻委員會出版。

1993年：許輕鎮等著《大埔鄉志》，嘉義縣大埔鄉公所出版。

1993年：楊萌芽《民雄鄉志》，嘉義縣民雄鄉公所出版。

1993年：阮昌銳編纂《重修臺灣省通志》，臺灣省文獻委員會出版。

1993年：王明義總編纂《三峽鎮志》，臺北縣三峽鎮公所出版。

1993年：陳炎正主編《潭子鄉志》，臺中縣潭子鄉公所出版。

1994年：沈同來編《仁武鄉志》，高雄縣仁武鄉公所出版。

1994年：王仲孚總編纂《沙鹿鎮志》，臺中縣沙鹿鎮公所出版。

1994年：陳奮雄主纂《仁德鄉志》，臺南縣仁德鄉公所出版。

1996年：《湖口鄉志》，新竹縣湖口鄉公所出版。

1996年：黃鼎松《頭屋鄉誌》，苗栗縣頭屋鄉公所出版。

1997年：羅茂順編輯《中埔鄉志》，嘉義縣中埔鄉公所出版。

1997 年：周國屏等主撰《彰化市志》，彰化市公所出版。

1997 年：尹章義等著《五股志》，臺北縣五股鄉公所出版。

1997 年：雲林縣發展史編輯委員會《雲林縣發展史》，雲林縣政府出版。

1997 年：康原著《芳苑鄉志》，彰化縣芳苑鄉公所出版。

1997 年：黃耀能總纂《續修高雄市志》，高雄市文獻委員會出版。

1997 年：徐福全總編纂《石門鄉志》，臺北縣石門鄉公所出版。

1998 年：黃鼎松編輯《銅鑼鄉志》，銅鑼鄉公所出版。

1998 年：邱奕松纂修《朴子市志》，嘉義縣朴子市鄉公所出版。

1998 年：陳哲三總編纂《集集鎮志》，南投縣集集鎮公所出版。

1999 年：張永堂編纂《恆春鎮志》，屏東縣恆春鎮公所出版。

2000 年：許雪姬主修《鹿港鎮志》，鹿港鎮公所出版。

2001 年：賴宗寶《好山‧好水‧好二水》，賴許柔文教基金會出版。

2002 年：黃耀能總纂《南投縣志》，南投縣政府出版。

2002 年：游榮華主修《羅東鎮志》，宜蘭縣羅東鎮公所出版。

三、近人撰著

1974 年：楊家駱主編《禮記集說》，世界書局出版。

1980 年：吳瀛濤《臺灣民俗》，眾文圖書公司出版。

1981 年：劉昌博《臺灣搜神記》，黎明文化出版。

1982 年：阮昌銳《莊嚴的世界》，文開出版公司出版。

1983 年：仇德哉《臺灣之寺廟與神明（四）》，省文獻委員會出版。

1984 年：董芳苑《臺灣民間宗教信仰》，常青文化事業股份有限公司出版。

1989 年：劉還月《臺灣歲時小百科》下冊，臺原出版社出版。

1992 年：黃有興《澎湖的民間信仰》，臺原出版社出版。

1993 年：林國平、彭文字《福建民間信仰》，福建人民出版社出版。

1993 年：楊天厚、林麗寬《金門的民間慶典》，臺原出版社出版。

1994 年：劉文功主編《南投縣鄉土大系民俗篇》，南投縣政府出版。

1994 年：林曙光《打狗歲時記稿》，高雄市文獻委員會出版。

1995 年：簡炯仁《臺灣開發與族群》，前衛出版社出版。

1995 年：徐福全主稿《臺灣民間祭祀禮儀》，臺灣省立新竹社會教育館出版。

1995 年：姜義鎮《臺灣的鄉土神明》，臺原出版社出版。

1995 年：李增德《金門宗祠之美》，財團法人金門縣史蹟維護基金會出版。1996 年：張嘉文主編《辭海》，鐘文出版社出版。

1997 年：黃國揚主編《認識花嶼》，澎湖縣政府出版。

1997 年：林美容《高雄縣民間信仰》，高雄縣政府出版。

1997 年：林美容總編纂‧李允斐等著《高雄縣客家社會與文化》，高雄縣政府出版。

1998 年：艾定增《風水鉤沉－中國建築人類學發源》，田園城市文化出版。

1998 年：林美容等著《宜蘭縣民眾生活史》，宜蘭縣政府出版。

1998 年：李亦園《宗教與神話論集》，立緒文化出版。

1998 年：劉敏耀著《澎湖的風水》，澎湖縣文化局出版。

1988 年：不著撰人《釋疑闡道錄（第三輯）》，臺中明正堂出版。

1999 年：李秀娥編撰《祀天祭地－現代祭拜禮俗》，博揚文化出版。

1999 年：張逸堂編著《拜出好運來－好運旺旺來》，研智有限公
　　　　司出版。

2000 年：不著撰人〈釋疑專欄〉，《拱衡》第八十五期。

2000 年：李登財、劉還月《神佛正傳與祭拜須知－春之卷》，常
　　　　民文化出版。

2000 年：林美容《鄉土史與村庄史－人類學者看地方》，臺原出
　　　　版社出版。

2001 年：黃文博《南瀛石敢當誌》，臺南縣文化局出版。

2002 年：林蔚文《中國民俗大系・福建民俗》，甘肅人民出版社
　　　　出版。

2002 年：簡炯仁《高雄縣岡山地區的開發與族群關係》，行政院
　　　　文化建設委員會出版。

2002 年：不著撰人〈釋疑專欄〉，《拱衡》第一一五期。

2003 年：卓克華《從寺廟發現歷史》，揚智文化出版。

2003 年：王詩琅《艋舺歲時記》，海峽學術出版社出版。

2003 年：胡啟智編纂《親境・里仁・永樂春》，彰化縣埔鹽鄉永
　　　　樂社區發展協會出版。

2003 年：賴秀絹《悠遊華山－華山之美導覽手冊》，雲林縣華山
　　　　國民小學出版。

2003 年：范勝雄《認識安平：大員采風錄》，臺南市文化資產保
　　　　護協會出版。

2003 年：廖倫光編纂《臺北縣汀州客家宗祠與聚落關係調查研
　　　　究》，臺北縣政府文化局出版。

2003 年：郝鐵川《灶王爺、土地爺、城隍爺－中國民間神研究》，
　　　　上海古籍出版社出版。

2003 年：黃有興、甘村吉《澎湖民間祭典儀式與應用文書》，澎

湖縣文化局出版。

四、期刊、論文、報紙、沿革、碑記

1968 年：李添春〈臺灣住民之家神及其對神之觀念〉，《臺灣風物》18：02。1976 年：曹甲乙〈也談民間俗信〉，《臺灣風物》26：02。

1977 年：江西省博物館：〈江西南昌唐墓〉，《考古》第六期。

1980 年：陳其南〈清代臺灣社會的結構變遷〉，《中央研究院民族學研究所集刊》第四十九期。

1989 年：林會承〈從儀式行為看臺灣傳統建築的意義及空間觀念〉，《臺灣風物》39：02。

1989 年：呂理政〈禁忌與神聖：臺灣漢人鬼神信仰的兩面姓〉，《臺灣風物》39：04。

1989 年：廖晉雄〈廣東興始發現南朝買地券〉，《考古》第六期。

1990 年：林會承〈臺灣傳統家屋中的儀式行為及其間所隱含的家屋理念與空間觀〉《賀陳詞教授七秩壽慶論文集》，詹氏書局出版。

1993 年：李重耀〈臺灣傳統建築過程禮祭風俗簡介－開工、上樑、落成儀式之簡述〉，《空間雜誌》第四十八期。

1994 年：李豐楙〈金門閭山派奠安儀式及其功能－以金湖鎮復國敦關氏家廟為例〉，《民俗曲藝》第九十一期。

1995 年：陳文尚〈大厝宅地基主祭儀的當代詮釋〉，《史聯雜誌》第二十六期。

1996 年：林營宏《由澎湖四欅頭內之儀式行為探討住屋領域之界定》，中原大學建築研究所碩論。

1998 年：李豐楙〈道、法信仰習俗與臺灣傳統建築〉，《聚落與

社會》，田園城市文化事業有限公司。

1998 年：韋煙灶等合著〈新竹城隍廟巡禮〉，《地理教育》第十
四期。

2001 年：張宇彤《金門與澎湖傳統民宅形塑之比較研究》，成功
大學建築研究所博論。

2002 年：陳怡安〈澎湖木島傳統民宅之營建儀式考察～從「動土」
到「入厝」〉《澎湖研究第一屆學術研討會論文輯》，澎湖
縣文化局。

2002 年：陳進國 〈安鎮符咒的利用與風水信仰的輻射－以福建
為中心的探討〉，《世界宗教研究》第四期。

2002 年：陳進國〈福建買地券與武夷君信仰〉，《臺灣宗教研究
通訊》第三期。

2002 年：林瑋嬪〈血緣或地緣？臺灣漢人的家、聚落與大陸的故
鄉〉《「社群」研究的省思》，中央研究院民族學研究所。

2002 年：戴文鋒〈考察漁村文化及廟宇建築〉，《九十一年度南
區中小學鄉土藝文研習會論文集》，國立臺南師範學院鄉土
研究所。

2002 年：劉昭瑞〈安都丞與武夷君〉，《文史》第二輯。

2003 年：黃景春〈地下神仙張堅固、李定度考述〉，《世界宗教
研究》第一期。

2003 年：王志宇〈臺灣的無祀孤魂信仰新論－以竹山地區祠廟為
中心的探討〉，《逢甲人文社會學報》第六期。

2003 年：王志宇〈臺灣民間信仰的鬼神觀－以聖賢堂系列鸞書為
中心的探討〉，《逢甲人文社會學報》第七期。

2003 年：小基隆文史工作室〈佑我斯土－土地公（二）〉，《三
芝鄉立圖書館讀者簡訊》第九期。

2000 年：《下營北極殿玄天上帝廟》，下營上帝廟管理委員會。

2002 年：林森榮編撰《中和境北極殿簡介》，中和境北極殿管理委員會印製。

2003 年：慈鳳宮、聖帝廟簡介

2003 年 09 月 08 日：中華日報南市新聞－小北安聖宮慶「地基主」聖誕繞境，市長贈匾。

2004 年 10 月 16 日：聯合報頭版照片－「101 地基主，保佑地震別再來」。

貳、日文資料

一、專書

1933（昭和 8）年：鈴木清一郎著《臺灣舊慣婚葬祭と年中行事》，南天書局股份有限公司 1934 年出版。

1933（昭和 8）年：相良吉哉《臺南州祠廟名鑑》，臺灣日日新報社，影印本。

1933（昭和 8）年：鈴木清一郎著、馮作民譯《臺灣舊慣習俗信仰》，眾文圖書股份有限公司 1989 年出版。

1991 年：國分直一著，邱夢蕾譯《臺灣的歷史與民俗》，武陵出版有限公司 1998 年出版。

1939（昭和 14）年：增田福太郎著、黃有興譯《臺灣宗教論集》，臺灣省文獻委員會 2001 年出版。

1939（昭和 14）年：曾景來《臺灣宗教と迷信陋習》，南天書局有限公司出版。

1941（昭和 16）年：梶原通好《臺灣農民生活考》，南天書局有限公司出版。

1944（昭和 19）年：池田敏雄《臺灣の家庭生活》，南天書局有
　　限公司出版。

日治時期：臨時臺灣舊慣調查會，陳錦榮譯《臺灣慣習記事》，
　　1984 年臺灣省文獻委員會出版。

1981 年：池田溫《中國歷代墓券略考》，東京大學東洋文化研究
　　所紀要，第八十六冊。

2000 年：渡邊欣雄著，索秋勁譯《風水‧氣的景觀地理學》，地
　　景出版。

二、期刊、論文

1992 年：植野弘子〈臺灣漢民族の死靈と土地－謝土儀禮と地基
　　主をめぐつて〉，《國立歷史民俗博物館研究報告》第四十
　　一集，日本千葉縣：國立歷史民俗博物館。

附 錄

附錄一：臺南縣佳里鎮國家三級古蹟震興宮謝土儀式

佳里震興宮謝土－安基
主啟聖儀式

佳里震興宮謝土－收五
煞儀式

佳里震興宮謝土－慶土
安宮疏文

佳里震興宮謝土－送
煞歸山儀式

佳里震興宮謝土－宮
契磚疏文

佳里震興宮謝土－法
師恭讀宮契磚疏文

佳里震興宮謝土—桃柳枝八卦鏡符

佳里震興宮謝土—紙糊的廟公廟婆

佳里震興宮廟內安置的磚契與竹符

附錄二：臺灣民間各地磚契

臺南縣佳里鎮震興宮正殿
案桌下磚契

臺南縣學甲鎮慶安宮正殿
案桌下磚契

大甲鎮瀾宮所保存之古磚
契

大甲鎮瀾宮所保存之古磚契[1]

左營洲仔清水宮磚契—正面

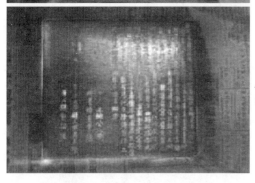

左營洲仔清水宮磚契—內面[2]

---

[1] 洪瑩發先生提供。

[2] 網友李橙安先生提供。

臺南縣麻豆鎮林家三房古曆屋內磚契

臺南縣麻豆鎮林家八房古曆屋內磚契

以疏文方式所書寫的磚契

附錄三：臺灣民間各地地基主的殊相

原型－高縣旗山鎮樂和路
地基主祠

牌位造型－白河鎮六重溪
水湖地基主祠

牌位造型－高縣路竹鄉頂
寮村三公宮

牌位造型－彰化縣北斗鎮
後港路地基主祠

圖畫造型－高縣梓官鄉赤
崁地基主祠

金斗甕造型－南縣新化鎮
那菝林地基主廟

神像造型—嘉義市神農里
春圃地基主祠

泰式造型—臺中市南區合
作街城隍廟

嘉義市萬善君廟五十代地
基主

附錄四：臺灣民間祭拜地基主方式

過年時以年糕、發粿祭拜地
基主

動工時祭拜土地公及地
基主祈求順利

面向屋內祭拜地基主

入曆時在廚房面向牆壁祭拜地基主

大甲鎮瀾宮七月普渡時設地基主神位[3]

祭拜地基主所燒化的銀紙

祭拜地基主所燒化的經衣

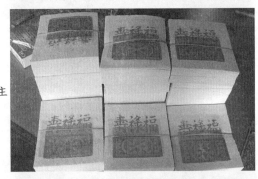

民間有些地方祭拜地基主
時燒化九金

拜門口──在屋外由內向外
祭拜

附錄五：臺灣各地奉祀地基主的祠廟

高雄縣梓官鄉赤崁牛王
地基主祠

高雄縣路竹鄉頂寮村三
公宮配祀地基主

高雄縣旗山鎮鼓山下地
基主祠

高雄縣旗山鎮樂和路地基主祠

高雄縣田寮鄉南安村岡山頭地基主祠

高雄縣田寮鄉南安村五王宮旁地基主祠

高雄縣田寮鄉崇德村崇德
國小旁地基主祠

高雄縣田寮鄉崇德村山頂
路地基主祠

高雄縣田寮鄉崇德村北勢
宅地基主祠

高縣田寮鄉古亭村北排仔
路頭地基主祠

高雄縣田寮鄉三合村茄苳
湖地基主祠

高雄縣田寮鄉田寮村擺東
地基主祠

高雄縣燕巢鄉尖山村尖山
地基主祠

臺南市鷲嶺北極殿地基主
祠整修時拍攝

臺南市北區文成里安
聖宮－地基主廟

臺南縣白河鎮六重溪水
湖地基主廟

臺南縣白河鎮草店里黃
姓地基主廟仔

臺南縣白河鎮草店里施
家地基主廟仔

臺南縣白河鎮草店里李
家地基主廟仔

白河鎮草店里 38 之 9 號
民宅旁地基主廟仔

臺南縣東山鄉水雲村外
滴水仔地基主祠

臺南縣龍崎鄉新市子地基
主廟仔[4]

臺南縣新化鎮那菝林地基
主廟仔[5]

嘉義市春圃（神農）地基
主祠

[4] 陳桂蘭小姐協助拍攝。

[5] 王朝賜先生協助拍攝。

嘉義市萬善君廟地基主祠

嘉義縣大林鎮下潭底地樊祖地基主廟

嘉義縣太保市新埤洪地基主公廟

嘉義縣奮起湖火車站鐵
道旁地基主祠

嘉義縣竹崎鄉中和村永
和地基主廟仔[6]

嘉義縣奮起湖太和公路
旁地基主祠

[6] 　陳桂蘭小姐協助拍攝。

嘉義縣阿里山鄉山美村
地基主祠

嘉義縣溪口鄉疊溪村三
疊溪地基主祠[7]

臺中市南區合作街城隍
廟前廣場右側

---

[7] 疊溪地基主祠、樊祖地基主廟及洪地基主公廟為徐正武先生協助拍
攝。

彰化縣埔鹽鄉永樂村竹
仔腳地基主祠

彰化縣北斗鎮後港路後
港地基主祠

彰化縣鹿港鎮廖厝里學
子巷地基主祠

新竹縣湖口鄉三元宮旁祀地
基主神位

臺北縣三芝鄉石頭厝地基主
祠

臺北縣三芝鄉許厝地基主祠

臺北縣三芝鄉尖鹿仔地基主祠[8]

麻豆地靈公祠

---

[8] 石頭厝、許厝、尖鹿仔地基主祠照片由廖倫光先生提供。

國家圖書館出版品預行編目資料

臺灣民間信仰的地基主／周政賢著. -- 初版. -- 臺北市：
蘭臺, 2008[民 97]
　　面；　公分. --（臺灣鄉土與宗教研究叢刊；第 1 輯）
參考書目：面

ISBN 978-986-7626-41-7（平裝）

1.民間信仰 – 臺灣

272.79　　　　　　　　　　　　　　　　　95022627

B003
臺灣鄉土與宗教叢刊　第一輯

臺灣民間信仰的地基主

總　編　輯：李世偉、郝冠儒
作　　　者：周政賢
出　版　者：蘭臺出版社
地　　　址：台北市中正區開封街一段 20 號 4 樓
電　　　話：(02)2331-1675　傳真：(02)2382-6225
編　　　輯：張加君
美　　　編：赤邑生
封 面 設 計：J.S.
總　經　銷：蘭臺網路出版商務股份有限公司　劃撥帳號：18995335
網 路 書 店：http://www.5w.com.tw　E-Mail：lt5w.lu@msa.hinet.net
網 路 書 店：博客來網路書店　http://www.books.com.tw
網 路 書 店：華文網、新絲路
香港總代理：香港聯合零售有限公司
地　　　址：香港新界大蒲汀麗路 36 號中華商務印刷大樓
　　　　　　C&C　Building, 36, Ting　Lai　Road, Tai Po,New Territories
電　　　話：(852)2150-2100　　傳真：(852)2356-0735
出 版 日 期：2008 年 3 月初版
定　　　價：新臺幣 350 元整

ISBN 978-986-7626-41-7